AF590014

CAISSE DES TRAVAUX DE PARIS.

COMPTE MORAL ET FINANCIER

DES OPÉRATIONS

Effectuées du 3 Janvier 1859 au 31 Décembre 1861.

(Exécution de l'art. 9 du décret du 14 novembre 1858.)

PARIS,

CHARLES DE MOURGUES FRÈRES, SUCCESSEURS DE VINCHON,

IMPRIMEURS DE LA PRÉFECTURE DU DÉPARTEMENT DE LA SEINE,

RUE JEAN-JACQUES-ROUSSEAU, 8.

—

1862

CAISSE DES TRAVAUX DE PARIS.

COMPTE MORAL ET FINANCIER

DES OPÉRATIONS

Effectuées du 3 Janvier 1859 au 31 Décembre 1861.

(Exécution de l'art. 9 du décret du 14 novembre 1858.)

EXPOSÉ PRÉLIMINAIRE.

Origine de la Caisse des Travaux de Paris.

Le traité du 3 mai 1858, passé entre l'État et la Ville de Paris, sanctionné par la loi du 28 du même mois, impose à la Ville l'obligation d'exécuter dans le délai de dix années, à partir du 1er janvier 1859, l'ouverture dans Paris de grandes voies publiques, dont la dépense nette a été évaluée à 180 millions. L'État a pris l'engagement de payer un tiers de cette dépense, mais dans la limite d'un maximum de 50 millions, et en quatorze annuités, dont les trois premières sont notablement plus faibles que les autres.

La Ville, chargée d'acquitter, pour sa part, une somme évaluée alors à 130 millions, et dépassant, par conséquent, de 10 millions, les deux tiers de la dépense nette présumée de l'entreprise; obligée, d'ailleurs, de courir seule toutes les mauvaises chances, c'est-à-dire, de supporter, sans l'aide de l'État, la portion de dépense qui pourrait dépasser 180 millions, a cependant pu, sans témérité, accepter ces lourds engagements. Il n'était pas douteux, en effet, qu'en maintenant un ordre sévère dans ses finances, en veillant avec sollicitude à la progression des revenus municipaux, et en arrêtant, au contraire, autant que possible, l'accroissement des dépenses ordinaires, elle pût affecter, dans une période de dix années, 130 millions, et même une somme plus élevée, à l'amélioration de la voie publique.

Mais si l'évaluation de 180 millions de francs ne représentait que la dépense nette, que le solde final de la grande entreprise dans laquelle la Ville s'engageait, toute défalcation faite du produit des ventes de matériaux et du prix de cession des terrains laissés disponibles en dehors des alignements des nouvelles voies publiques, il était évident que le capital à engager devait excéder notablement ce chiffre; et bien que cet excédant ne dût constituer, en réalité, qu'une avance dans le montant de laquelle la Ville avait la certitude de rentrer, les ressources de son budget normal, engagées en grande partie d'avance, ne permettaient pas d'y pourvoir.

L'organisation de la Caisse municipale se prêtait difficilement à ce mouvement oscillatoire résultant de payements considérables à faire en certains moments pour la prise de possession immédiate des immeubles expropriés, et de rentrées toujours fort lentes à effectuer.

Un fonds de roulement était donc nécessaire pour faire face chaque année à la portion de dépense excédant la somme formée des contingents disponibles de la Ville et de l'État, et des recouvrements déjà opérés.

C'est le parti qu'il a paru convenable de prendre, alors qu'il s'agissait d'opérations dont le budget pouvait, en dix années, supporter sans peine le solde, et dont le service de trésorerie offrait seul quelque difficulté.

L'exemple de ce qui s'était passé pour la rue de Rivoli, les Halles, le boulevard de Sébastopol et les abords de l'Hôtel de Ville, prouvait la nécessité de l'organisation de ce service, indépendamment du mode adopté pour couvrir la dépense finale; car, même dans le cas où l'on eût résolu d'emprunter, tout d'abord, une somme égale à l'évaluation de cette dépense, il n'était pas douteux qu'avec les seuls moyens ordinaires on n'éprouvât des embarras d'exécution pour mener l'entreprise à bon terme.

S'il est vrai de dire que le traité du 3 mai 1858 a été l'occasion de l'établissement d'une Caisse spécialement consacrée au service et à la liquidation des grands travaux de la Ville, il faut ajouter que ce rouage, dont l'utilité était reconnue depuis longtemps, en raison du nombre toujours croissant des opérations entreprises par la Ville en commun avec l'État ou la Liste civile, avec le Département de la Seine, avec les fabriques, etc., aurait été rendu indispensable par l'extension des limites de Paris.

En effet, tout était à faire dans la zone suburbaine au moment de son annexion à l'ancienne ville, et la surface de cette zone est plus étendue que celle de tous les anciens quartiers réunis. Créer ou améliorer les voies de communication principales et secondaires qui la desservent ou qui s'y rattachent, l'assainir par des égouts, pourvoir à la construction des édifices religieux, municipaux et scolaires qui manquent sur beaucoup de points; y pratiquer des distributions d'eau; y établir un éclairage public permanent; organiser le service des sapeurs-pompiers, de la garde de Paris, de la police municipale; y assurer même le service des lignes d'omnibus reliées sans augmentation de prix à celles de la ville, telle était la tâche nouvelle et complexe qui incombait à l'Administration municipale. Celle-ci n'avait pour y faire face qu'un accroissement de revenu fourni par une population moins nombreuse des deux tiers que celle de l'ancien Paris, accroissement atténué encore par des restrictions apportées à l'extension du régime de l'octroi. D'après les premiers aperçus soumis au Conseil municipal, il fallait dix ans, au moins, pour mener à fin cette tâche, au moyen des excédants des revenus de la Ville; mais on ne pouvait espérer que la patience des populations permît de mesurer toujours les améliorations, réclamées ardemment par elles, sur l'étendue des ressources annuelles. Si la Caisse des Travaux de Paris n'avait pas existé, il aurait donc fallu la créer après le vote de la loi d'annexion. Elle existait heureusement; mais ses opérations étaient circonscrites dans un cercle infranchissable trop restreint pour la situation nouvelle faite à la Ville. C'est pourquoi les dépenses extraordinaires de toute nature, motivées par l'extension des limites de Paris, n'ont pu recevoir tout le développement désirable; c'est pourquoi des plaintes, mal fondées certainement, mais très-vives, ont pu se produire jusque dans les grands corps de l'État.

On comprend, dès lors, l'intervention d'un rouage financier distinct de la Caisse municipale pour les grandes opérations à accomplir. La dette qu'il était nécessaire de créer pour assurer la marche de ce rouage devait être maintenue dans les bornes que le Conseil municipal et le Gouvernement lui assigneraient en réglant la marche des travaux, et elle était destinée à s'éteindre successivement par la rentrée certaine et seulement atermoyée des sommes avancées pour pourvoir aux dépenses de chaque affaire.

C'est par toutes ces considérations, et afin, comme il a été dit plus haut, d'affranchir la Caisse municipale des complications que produisaient les entreprises à long terme faites par la Ville, de concert avec l'État, la Liste civile, les Compagnies de chemins de fer, l'Assistance publique, les fabriques et autres administrations, tant pour les percements des voies nouvelles que pour d'autres grands travaux, que M. le Préfet de la Seine a provoqué la création d'une Caisse chargée spécialement d'en centraliser les ressources et d'en liquider les dépenses, sous le titre de : *Caisse des Travaux de Paris.* (Décret impérial du 14 novembre 1858.)

Décret du 14 novembre 1858.

Cette Caisse a été chargée d'acquitter les indemnités foncières et locatives, ainsi que les frais et les dépenses de toute nature se rapportant aux grands travaux que la Ville aurait été autorisée à entreprendre.

Dans son actif, on a placé le produit de la vente des matériaux de démolition, celui des reventes de portions d'immeubles ou de parcelles de terrains restées disponibles, toutes les recettes diverses provenant des opérations engagées, et, enfin, les sommes produites par la création de valeurs de crédit. M. le Préfet doit, en outre, faire verser dans la Caisse les sommes mises à sa disposition, tant par les budgets annuels que par des délibérations spéciales.

La Caisse est tenue d'ouvrir pour chaque opération un compte spécial, où les recettes et les dépenses sont inscrites et groupées par nature, de façon à ce que chacune de ces entreprises puisse se solder séparément.

Les conditions de régularité, de vérification des pièces comptables et de contrôle, établies pour les payements effectués par la Caisse municipale, sont applicables aux payements opérés par la Caisse des Travaux de Paris. Le décompte général de chaque opération est dressé et réglé en la forme ordinaire, et le mandat pour solde délivré sur la Caisse municipale. Le décret du 14 novembre 1858 porte, il est vrai, que ce mandat sera accompagné de toutes les pièces justificatives; mais on verra plus loin que cette dernière disposition n'est plus applicable depuis le décret du 27 décembre 1858, qui a modifié les bases primitives de l'organisation de la Caisse.

Enfin, l'institution de cet organe financier, dont le mécanisme simple est néanmoins entouré de toutes les garanties que la prudence paraissait commander, a facilité, comme on l'avait prévu, mieux qu'aucun emprunt, l'exécution des grands travaux de la Ville. Une expérience de trois années le prouve surabondamment.

Caractère de la Caisse.

Ce serait aujourd'hui une grave erreur de considérer la Caisse des Travaux de Paris comme une sorte d'annexe de la Caisse municipale, et de rattacher les opérations de la première aux opérations de la seconde, en partant de ce fait inexact qu'elles forment un tout indivisible. Toutefois, le décret du 14 novembre 1858 prêtait à l'opinion qui tend à considérer la Caisse des Travaux de Paris comme un simple auxiliaire de la Caisse municipale.

En effet, tant que le mandat pour solde de chaque opération, délivré sur la Caisse municipale par le Préfet, devait être accompagné des pièces justificatives de l'ensemble des dépenses y relatives, on pouvait admettre cette manière de voir; mais le décret intervenu le 27 décembre 1858 a supprimé cette disposition principale, en décidant que les justifications des dépenses seraient faites, non par opération, mais par année, et que le Caissier de la Caisse des Travaux, chargé personnellement, aux lieu et place du Receveur municipal, d'une nouvelle et considérable responsabilité, relèverait directement de la

Cour des comptes. Il a ainsi rompu l'unique lien qui, dans le système du premier décret, eût relié les deux Caisses.

M. le Préfet avait objecté que ce serait créer une seconde Caisse municipale à côté de celle qui existe, que de les rendre toutes deux justiciables de la Cour des comptes; que la même affaire ne pouvant être réglée deux fois par cette Cour, le mécanisme au moyen duquel le premier décret faisait rentrer dans la comptabilité de la Caisse municipale les opérations de la Caisse des Travaux de Paris n'aurait plus d'objet, et qu'il faudrait en supprimer la gêne; qu'alors la Ville aurait deux Caisses et deux comptabilités : l'une pour les affaires ordinaires, l'autre pour les grands travaux; qu'il en résulterait toute une révolution dans l'organisation administrative de la Ville de Paris, obligée, dans ce système, d'avoir deux comptes financiers.

Loin de rompre l'unité qui est nécessaire au bon ordre des finances de la Ville, la Caisse des Travaux de Paris ne devait être, selon M. le Préfet, qu'un instrument de liquidation, un pur rouage administratif, destiné à simplifier les opérations de la Caisse municipale, en un mot une Caisse de service, et non un organe complétement indépendant. Dans ce système, ses opérations n'échappaient pas au contrôle de la Cour des comptes. L'art. 6 disposait qu'après l'achèvement complet de tout grand travail, un décompte général en serait dressé, et que le mandat pour solde délivré à la Caisse de service sur la Caisse municipale devrait être accompagné de toutes les pièces justificatives des dépenses comprises dans le décompte. Il s'ensuivait que tout grand travail devait être nécessairement rattaché aux comptes du Receveur municipal, et retomber ainsi sous la juridiction de la Cour des comptes. Il est vrai que la Cour en devait être saisie *in globo,* au lieu d'en voir successivement les détails dans différents comptes; mais, la combinaison créée par le décret du 14 novembre 1858 donnait à ses investigations un caractère de généralité qu'elles n'ont pas aujourd'hui; d'un autre côté, le Receveur municipal, mis en demeure d'opérer le payement pour solde, se trouvait mieux en situation de faire lui-même telles observations et demandes de justifications que l'examen de l'ensemble du dossier eût été de nature à lui suggérer.

M. le Préfet avait donc pensé qu'il n'y avait pas lieu d'apporter au décret du 14 novembre les modifications dont il a été l'objet, et qui ont rendu absolue la mutuelle indépendance de la Caisse des Travaux et de la Caisse municipale.

Décret modificatif du 27 décembre 1858.

Quoi qu'il en soit, voici les termes de l'art. 1er du décret du 27 décembre 1858. On y trouvera incidemment le principe de la division par année, et non par exercice, de la comptabilité de la Caisse des Travaux de Paris :

« Art. 1er. Le Caissier est responsable de la gestion et de la régularité des « recettes et des payements effectués par la Caisse. Il est justiciable de la Cour « des comptes. Il doit verser au Trésor un cautionnement dont le montant sera « fixé par le Ministre de l'Intérieur, sur la proposition du Préfet.

« Le Caissier rend des comptes de gestion *annuels*, sous la forme des comptes « des receveurs municipaux.

« Ces comptes sont soumis au Conseil municipal, arrêtés par le Préfet, et « transmis ensuite à la Cour des comptes, avec toutes les pièces justificatives des « recettes et des dépenses. »

On a vu ci-dessus que le décret du 27 décembre 1858 assujettit le Caissier à rendre des comptes annuels de gestion; pour lui donc, l'année et l'exercice se confondent. Cette dérogation à la règle imposée aux receveurs municipaux simplifie davantage les écritures et permet sans doute de mieux saisir la marche des opérations dont la Caisse est chargée; mais elle est une nouvelle démonstration de l'impossibilité de toute réunion des opérations de la Caisse municipale et de la Caisse des Travaux de Paris.

La garantie de la Ville de Paris est acquise aux bons émis par le nouvel établissement. Néanmoins, à raison des valeurs immobilières sur lesquelles ils reposent, et de la dotation qui leur est affectée, ils ne forment pas, comme on le prétend à tort, une dette flottante de la Ville; c'est ce qui sera démontré tout à l'heure quand il sera traité particulièrement des bons en circulation.

Les graves modifications de principe apportées au décret du 14 novembre 1858 par celui du 27 décembre suivant, durent nécessairement affecter l'organisation intérieure de la Caisse et entraîner diverses conséquences secondaires. Il devint dès lors douteux pour le Directeur que le soin de rendre le compte dont parle l'article 5 du premier décret lui incombât, déchargé qu'il était, par le fait du second, d'une partie de sa responsabilité primitive. Il ne s'était donc pas cru autorisé à y procéder jusqu'à présent; mais la production de ce document ayant paru nécessaire, il s'est empressé d'en réunir les divers éléments, et au lieu de se borner, comme il l'a fait chaque année, à un résumé succinct des opérations de l'exercice terminé, il a groupé cette fois, avec les développements désirables, les résultats obtenus depuis l'origine de la Caisse.

Plusieurs chiffres méritent de fixer l'attention : le produit de l'émission; la somme des travaux publics auxquels il a permis de pourvoir; le mouvement général de la Caisse.

Ces divers points sont l'objet de chapitres spéciaux, comprenant chacun les trois années écoulées.

CHAPITRE PREMIER.

ÉMISSION DES VALEURS DE CRÉDIT

PENDANT LES ANNÉES 1859, 1860 ET 1861.

BONS DE LA CAISSE.

Malgré les circonstances en apparence les moins favorables aux opérations de la Caisse, la guerre et les emprunts de l'État, qui coïncidèrent avec le début de l'institution; malgré l'appel fait au public à plusieurs reprises par les grandes Compagnies de chemins de fer, le Crédit foncier et divers établissements industriels, par les villes et les départements; malgré de fréquentes variations dans le taux de l'intérêt des bons et les conditions faites aux prêteurs; enfin, malgré la nécessité plusieurs fois renouvelée de fermer le guichet des recettes de l'émission qui atteignait la limite légale, la faveur publique n'a cessé de s'attacher aux valeurs de la Caisse, tant à Paris que dans les départements, où elle compte aujourd'hui de nombreux clients; la somme totale qu'il a été possible d'accepter s'est élevée au chiffre de 354,145,000 fr. du 3 janvier 1859 au 31 décembre 1861. Ce chiffre eût été lui-même dépassé si le bureau de l'émission n'avait dû, pour se conformer aux prescriptions légales, refuser des offres de grande importance. Les résultats obtenus pendant les trois premiers mois de l'année 1862 prouvent que l'empressement du public est loin de se ralentir.

Les limites fixées par les divers décret et lois de finances relatifs au chiffre des bons à émettre (30 millions en 1859, 100 millions en 1860 et en 1861) ont toujours été respectées, et, ainsi que le démontrent les balances mensuelles, on est toujours arrivé, par l'effet des remboursements successifs, à n'avoir en circulation que la somme autorisée.

Repousser l'abondance des capitaux a toujours été le principal embarras du Directeur, devant les bornes imposées à l'émission, fixée encore, pour l'année courante, à la somme de 100 millions de francs, qu'elle dépasserait sans inconvé-

2

nient; car si on peut, à un certain point de vue, la considérer comme une dette flottante, il faut reconnaître que cette dette est d'une nature tout exceptionnelle, ainsi que le prouve un récent et précieux document [1]. Les bons obligent, en effet, la Caisse des Travaux, mais ils obligent solidairement la Ville de Paris; ils sont, pour une très-grande partie, émis à de longues échéances, s'étendant pour de très-fortes sommes jusqu'en 1868 (*voir les tableaux d'échéances*), et concordant, en général, avec les époques déjà fixées ou prévues des prix de ventes de terrains réalisées ou projetées; ils ont, dans la ressource résultant de ces prix, une importante garantie qui s'augmente de la valeur, non-seulement des matériaux des maisons actuellement debout et occupées, mais aussi des terrains provenant du sol de ces maisons et de leurs dépendances, lesquels resteront à revendre après incorporation à la voie publique des parcelles qui lui sont nécessaires. Il y a là une ressource totale de 125 millions, dont les bons émis ne sont, à proprement parler, que la contre-valeur mobilisée [2]. Il faut

(1) Mémoire de M. le Préfet au Conseil municipal, sur le budget de 1862.

(2) Le tableau suivant montre comment se compose l'actif immobilier dont il s'agit :

INDICATION DES OPÉRATIONS.	TERRAINS NUS déjà disponibles.	TERRAINS à provenir des maisons encore existantes.	SURFACES TOTALES à vendre.	NOMBRE des maisons encore existantes.
	mètres.	mètres.	mètres.	
OPÉRATIONS SUBVENTIONNÉES PAR L'ÉTAT :				
Lois des 4 octobre 1849, 4 août 1851 et 2 mai 1855	7,004. »	2,945. 86	9,946. 86	51
Loi du 18 juin 1857	17,994. »	5,958. »	23,952. »	23
Loi du 28 mai 1858	182,390. »	50,007. 88	232,397. 88	100
TOTAUX	207,385. »	58,914. 74	266,296. 74	174
OPÉRATIONS DIVERSES :				
Améliorations de la voie publique non subventionnées	68,262. 26	40,794. 58	109,056. 84	88
Édifices publics	7,418. 30	371. »	7,789. 30	5
Extension des limites de Paris	136,485. 35	9,982. »	146,467. 35	19
Marché à bestiaux	200,000. »	» »	200,000. »	»
Bois de Boulogne	63,226. »	» »	63,226. »	»
Bois de Vincennes	1,436,000. »	» »	1,436,000. »	»
TOTAUX	1,911,391. 91	51,147. 58	1,962,539. 49	112
TOTAUX GÉNÉRAUX	2,118,776. 91	110,059. 32	2,228,836. 23	286
Matériaux des 286 maisons encore existantes				*Mémoire.*

tenir compte aussi de la portion des contingents de dépense de l'État et des divers autres intéressés dans les entreprises réalisées, qui n'ont pas encore été versés, par suite de stipulations spéciales au sujet des époques de payement, et, surtout, ne pas omettre la dotation de 20 millions que possède la Caisse; d'où il suit que c'est presque surabondamment que la garantie de la Ville leur est assurée.

Nul ne peut donc dire qu'une dette ainsi constituée soit un embarras pour l'avenir, ou une dette flottante dans l'acception ordinaire de ce mot.

Au reste, la confiance inspirée par la Caisse s'est accrue dans une proportion digne d'être signalée. Les placements à long terme, et le nombre toujours plus considérable des déposants, en font suffisamment foi.

Au 31 décembre 1859, le montant des bons en circulation était de 29,999,900 fr., ainsi répartis :

Bons échéant	en 1860.	20,377,300 fr.
Idem	en 1861.	9,095,500
Idem	de 1862 à 1868.	527,100

Au 31 décembre 1860, les bons en circulation s'élevaient à la somme de 81,053,300 fr., ainsi divisée :

Bons échéant	en 1861.	57,680,400 fr.
Idem	en 1862.	21,562,900
Idem	de 1863 à 1868.	1,810,000

Au 31 décembre 1861, les 97,366,000 fr. de bons en circulation se répartissaient ainsi :

Bons échéant	en 1862.	84,783,600 fr.
Idem	en 1863.	9,276,600
Idem	de 1864 à 1868.	3,305,800

En ce moment (31 mars), les 100 millions auxquels se monte l'émission se répartissent ainsi :

Bons échéant	en 1862.	60,184,500 fr.
Idem	en 1863.	25,417,600
Idem	de 1864 à 1868.	14,397,900

Ce dernier chiffre parle plus haut que tous les commentaires; les placements à un an et au delà forment, en définitive, un total de 20,112,300 fr.

Ainsi, les dépôts passagers ayant un caractère commercial ont, en grande partie, fait place à des engagements à longs délais, de un an, de deux ans, et, à partir de ce jour, jusqu'à six ans, terme de la convention avec l'État pour l'exécution des grands travaux faisant l'objet de la loi du 28 mai 1858.

Le tableau des échéances au dernier jour de chacune des trois années 1859, 1860 et 1861, prouvera que la limite légale a été scrupuleusement observée. Les résumés des recettes et dépenses, se référant spécialement à l'émission et au remboursement des bons, consacreront ce que nous avons exposé sur le succès toujours croissant de l'institution nouvelle et la régularité de son fonctionnement.

SITUATION DES BONS DE LA CAISSE AU 31 DÉCEMBRE 1859.

ÉCHÉANCES PAR ANNÉE ET PAR MOIS.

MOIS.	1860.	1861.	1862.	1863.	1864.	1865.	1866.	1867.	1868.	SOMME TOTALE.
	fr.	fr.	fr.	fr.	fr.	fr.	fr.	fr.	fr.	fr.
Janvier	4,399,200	352,100	14,000	18,000	»	8,000	»	»	»	4,791,300
Février	2,249,100	376,700	»	»	»	»	3,000	»	»	2,628,800
Mars	5,213,900	233,600	2,600	1,100	»	»	»	»	»	5,451,200
Avril	1,900,300	169,500	»	»	»	»	»	»	»	2,069,800
Mai	1,357,700	249,400	9,000	»	»	1,000	»	»	»	1,617,100
Juin	1,092,200	219,900	16,000	8,000	600	4,000	»	»	»	1,340,700
Juillet	363,300	771,300	31,700	8,000	11,600	6,000	»	»	28,000	1,219,900
Aout	437,300	980,000	11,500	6,000	10,900	»	»	»	»	1,445,700
Septembre	290,000	1,233,800	»	7,000	8,400	2,000	»	»	8,400	1,549,600
Octobre	319,900	1,920,500	21,200	38,100	7,100	»	»	»	»	2,306,800
Novembre	2,106,900	1,643,000	38,000	39,500	13,000	14,900	»	1,000	29,500	3,885,800
Décembre	647,500	945,700	58,000	42,000	»	»	»	»	»	1,693,200
Totaux	20,377,300	9,095,500	202,000	167,700	51,600	35,900	3,000	1,000	65,900	29,999,900

SITUATION DES BONS DE LA CAISSE AU 31 DÉCEMBRE 1860.

ÉCHÉANCES PAR ANNÉE ET PAR MOIS.

MOIS.	1861.	1862.	1863.	1864.	1865.	1866.	1867.	1868.	SOMME TOTALE.
	fr.	fr.	fr.	fr.	fr.	fr.	fr.	fr.	fr.
Janvier	6,024,200	3,595,700	61,100	38,100	30,100	10,000	»	140,000	9,899,200
Février	7,134,500	2,182,600	51,100	101,000	»	3,000	»	»	9,472,200
Mars	10,753,000	2,107,800	14,800	92,000	6,300	8,000	»	1,500	12,983,400
Avril	10,907,800	1,911,000	50,500	18,000	»	»	»	»	12,887,300
Mai	7,093,300	1,770,600	11,900	5,000	1,000	»	»	»	8,881,800
Juin	5,842,700	760,900	69,100	600	4,000	»	»	»	6,677,300
Juillet	1,250,500	1,455,500	48,300	11,600	8,000	»	»	95,000	2,868,900
Aout	1,723,200	2,244,200	12,000	10,900	»	»	»	»	3,990,300
Septembre	1,484,900	573,700	13,600	21,800	2,000	»	»	8,400	2,104,400
Octobre	2,132,900	483,700	42,900	7,100	»	»	»	»	2,666,600
Novembre	1,952,800	2,081,700	152,000	137,000	38,700	30,000	1,000	119,000	4,512,200
Décembre	1,380,600	2,395,500	122,500	41,000	38,000	60,000	»	72,100	4,109,700
Totaux	57,680,400	21,562,900	649,800	484,100	128,100	111,000	1,000	436,000	81,053,300

SITUATION DES BONS DE LA CAISSE AU 31 DÉCEMBRE 1861.

ÉCHÉANCES PAR ANNÉE ET PAR MOIS.

MOIS.	1862.	1863.	1864.	1865.	1866.	1867.	1868.	SOMME TOTALE.
	fr.	fr.	fr.	fr.	fr.	fr.	fr.	fr.
Janvier	13,138,400	1,374,300	103,700	66,600	63,100	8,000	142,000	14,896,100
Février	11,317,700	1,703,000	167,600	94,500	9,200	11,000	7,100	13,310,100
Mars	9,948,500	784,000	147,700	98,800	62,000	12,000	4,900	11,057,900
Avril	5,250,700	711,900	110,900	29,100	43,600	10,800	13,400	6,170,400
Mai	10,206,900	837,700	36,900	21,700	1,500	13,000	15,000	11,132,700
Juin	6,388,500	429,400	23,800	23,500	»	»	16,600	6,881,800
Juillet	5,640,500	486,400	214,600	25,900	35,500	9,000	201,800	6,613,700
Aout	5,053,900	347,900	71,300	3,500	20,000	900	28,600	5,526,100
Septembre	5,216,500	362,500	51,700	20,600	10,700	36,000	50,400	5,748,400
Octobre	4,576,800	1,150,700	65,700	52,900	40,800	8,600	78,200	5,973,700
Novembre	3,855,300	644,100	220,900	96,000	60,100	23,000	184,500	5,084,500
Décembre	4,189,900	444,700	73,200	49,000	79,500	29,000	104,700	4,970,600
Totaux	84,783,600	9,276,600	1,288,000	582,700	426,000	161,900	847,200	97,366,000

MOUVEMENT DES VALEURS.

ANNÉE 1859.

Circulation autorisée : 30 millions.

(Décret du 6 janvier 1859 et loi du 11 juin même année, art. 17, § 3.)

287 jours d'émission ont produit (taux moyen, 4 fr. 17 c.) (1) . . .	74,456,300. »
Sur laquelle somme il a été remboursé.	44,456,400. »
Bons en circulation au 31 décembre.	29,999,900. »

Moyenne des recettes par jour.	259,429. 60
Id. des remboursements.	192,451. 94

Bons délivrés. . . . . 10,774. »

Moyenne par jour : 37 bons émis.

(1) « Ainsi que le démontrent les balances mensuelles, on est toujours arrivé, par l'effet des remboursements successifs, à n'avoir en circulation *que la somme autorisée.* » (Page 9 du compte.)

Cette observation s'applique également à l'émission des années 1860 et 1861, ainsi qu'au résumé des trois années.

ANNÉE 1860.

Circulation autorisée : 100 millions.

(Lois du 11 juin 1859, art. 17, § 3, et du 26 juillet 1860, art. 16.)

Bons restant en circulation au 31 décembre 1859.	29,999,900.	»
Bons échus et non remboursés en 1859.	141,300.	»
304 jours d'émission ont produit (taux moyen, 3 fr. 95 c.). . . .	146,617,800.	»
	176,759,000.	»
Sur laquelle somme il a été remboursé.	95,705,700.	»
Capital en circulation au 31 décembre.	81,053,300.	»

Moyenne des recettes par jour.	482,295. 39
Id. des remboursements.	311,744. 95

Bons délivrés. . . . . 18,954. »

Moyenne par jour : 62 bons émis.

ANNÉE 1861.

Circulation autorisée : 100 millions.

(Loi du 26 juillet 1860, art. 16, § 1er.)

Bons restant en circulation au 31 décembre 1860.	81,053,300.	»
Bons échus et non remboursés en 1860.	218,200.	»
286 jours d'émission ont produit (taux moyen, 4 fr. 85 c.).	133,070,900.	»
	214,342,400.	»
Sur laquelle somme il a été remboursé.	116,976,400.	»
Capital en circulation au 31 décembre 1861.	97,366,000.	»

Moyenne des recettes par jour. 465,282. 86

Id. des remboursements. 381,030. 61

Bons délivrés. . . . . 31,720. »

Moyenne par jour : 110 bons émis.

RÉSUMÉ

DU MOUVEMENT GÉNÉRAL DES VALEURS DE CRÉDIT.

ÉMISSION.

Année 1859, bons émis en capital.	74,456,300. »
Id. 1860, id.	146,617,800. »
Id. 1861, id.	133,070,900. »
	354,145,000. »

REMBOURSEMENTS.

Année 1859, bons remboursés en capital.	44,456,400. »	
Id. 1860, id.	95,705,700. »	
Id. 1861, id.	116,976,400. »	
	257,138,500. »	257,138,500. »
TOTAL DU MOUVEMENT GÉNÉRAL DES VALEURS DE CRÉDIT. .		611,283,500. »

RÉSUMÉ DES BONS ÉMIS.

Année 1859. . .	10,774, —	moyenne par jour. . . .	37
Id. 1860. . .	18,954, —	id.	62
Id. 1861. . .	31,727, —	id.	110
TOTAL. . .	61,455. (1)		

La somme de 354,145,000 fr., montant de l'émission des trois années 1859, 1860 et 1861, et les 61,455 bons, ont été répartis entre 8,537 prêteurs, dont 7,092 pour Paris et 1,415 pour la province. Un compte a été ouvert, au moyen de fiches mobiles, à chacun de ces 8,537 déposants.

Il serait bien difficile de rédiger une statistique exacte de la qualité et de la profession des divers déposants depuis l'origine de la Caisse, mais on serait bien près de la vérité en affirmant qu'aujourd'hui les *trois quarts* des clients de l'établissement créé en novembre 1858 sont des pères de famille, des propriétaires ou des personnes ayant en vue de placer le fruit de leurs économies et de leur travail. Les grandes institutions de crédit, les compagnies industrielles ou de chemins de fer, et les maisons de banque, proprement dites, doivent figurer à peine pour *un quart* dans la clientèle actuelle de la Caisse.

(1) La moyenne pour les trois premiers mois de 1862 s'élève à 268 bons.

CHAPITRE DEUXIÈME.

OPÉRATIONS DE VOIRIE ET AUTRES.

ANNÉES 1859, 1860 ET 1861.

La Caisse a payé, pour expropriations et travaux, pendant cette période triennale, la somme de 257,260,397 fr. 53 c., dont, en **1859**, 50,894,834 fr. 15 c.; en **1860**, 78,607,093 fr. 92 c.; en **1861**, 127,758,469 fr. 46 c., répartie entre toutes les opérations au nom desquelles des comptes spéciaux sont ouverts et qui ont été autorisées, soit par des lois spéciales, soit par des décisions supérieures.

Le tableau ci-joint présente le détail de ces nombreuses opérations par nature de recettes et de dépenses, rattachées aux diverses lois et décisions qui les ont ordonnées dans chacune des trois années 1859, 1860 et 1861, et se termine par un résumé récapitulatif.

Les sommes restant à recevoir suivant contrats réalisés, à la date du 1er janvier de cette année, de prix de terrains rétrocédés par la Ville, s'élèvent en ce moment à 10,270,984 fr. 57 c.

Les sommes restant à payer pour opérations de voirie, d'après contrats réalisés ou décisions de jury rendues à cette même date, s'élèvent à 67,321,473 fr. 65 c.

Deux tableaux que l'on trouvera aux annexes présentent le détail de ce mouvement de trésorerie, par loi, par année et par opération.

MANDATS DÉLIVRÉS.

Les opérations dont le tableau va suivre ont nécessité, du 3 janvier 1859 au 31 décembre 1861, l'examen d'une quantité considérable de pièces de toute nature et la confection de 19,880 mandats, tant pour le payement des diverses indemnités allouées aux expropriés, que pour les dépenses occasionnées par les travaux et la construction d'édifices nouveaux, l'assainissement et la mise en état de viabilité des nouvelles voies.

Ces 19,880 mandats se répartissent ainsi :

Année 1859,	nombre de mandats	....	4,363.
1860,	id.	....	6,200.
1861,	id.	....	9,217.
	Ensemble	....	19,880.

Ces mandats ont été délivrés par le Directeur, en exécution du décret du 14 novembre 1858, et de 4,507 arrêtés pris par M. le Préfet de la Seine et transmis à la Caisse des Travaux de Paris par la Comptabilité générale de la Préfecture de la Seine.

Après leur transcription littérale sur des états de distribution, au nombre de 747, ces mandats ont été remis au Caissier pour être payés à chaque partie prenante et prendre place parmi les pièces justificatives de son compte de gestion.

COMPTES SPÉCIAUX ET DÉTAILLÉS.

RECETTE.

OPÉRATIONS et NATURE DES RECETTES.	ANNÉES						TOTAL GÉNÉRAL.
	1859.	TOTAL par opération.	1860.	TOTAL par opération.	1861.	TOTAL par opération.	
LOIS DES 4 OCTOBRE 1849, 4 AOUT 1851 ET 2 MAI 1855.							
Dégagement de la Colonnade du Louvre.							
Versements par la Caisse municipale....	» »	» »	» »	» »	50,000. »	50,000. »	50,000. »
Boulevard de Sébastopol (rive droite). (ABORDS.)							
Vente de matériaux..................	237,850. 54		256,940. 60		132,697. 20		
Revente de terrains..................	684,358. 60		1,084,780. 35		1,189,065. 08		
Loyers de propriétés communales......	» »		36,505. 39		63,813. 05		
Versements par la Caisse municipale....	» »		12,500,000. »		10,250,000. »		
Recettes diverses....................	» »		17,323. 80		7,217. 55		
»	» »		» »		» »		
»	» »		» »		» »		
		922,209. 14		13,895,550. 14		11,642,792. 88	26,460,552. 16
Abords des Halles.							
Vente de matériaux..................	10,000. »		108,640. »		» »		
Revente de terrains..................	» »		94,727. »		99,305. 20		
Loyers de propriétés communales......	» »		3,388. 75		19,134. 85		
Versements par la Caisse municipale....	» »		3,000,000. »		1,950,000. »		
»	» »		» »		» »		
		10,000. »		3,206,755. 75		2,068,440. 05	5,285,195. 80
Abords du Théâtre-Français.							
Loyers de propriétés communales......	3,367. 65		35,070. 30		57,253. 80		
Versements par la Caisse municipale....	» »		» »		1,750,000. »		
Recettes diverses....................	» »		» »		184. 48		
»	» »		» »		» »		
		3,367. 65		35,070. 30		1,807,438. 28	1,845,876. 23
Dégagement des abords de l'Hôtel de Ville.							
Revente de terrains..................	» »		89,490. 42		46,641. 37		
Loyers de propriétés communales......	» »		» »		4,815. »		
		» »		89,490. 42		51,456. 37	140,946. 79
TOTAL....		935,576. 79		17,226,866. 61		15,620,127. 58	33,782,570. 98

OPÉRATIONS et NATURE DES DÉPENSES.	ANNÉES						TOTAL GÉNÉRAL.
	1859.	TOTAL par opération.	1860.	TOTAL par opération.	1861.	TOTAL par opération.	
LOIS DES 4 OCTOBRE 1849, 4 AOUT 1851 ET 2 MAI 1855.							
Dégagement de la Colonnade du Louvre.							
Frais de viabilité	» »	» »	45,398. 77	45,398. 77	8,920. 27	8,920. 27	54,319. 04
Boulevard de Sébastopol (rive droite). (ABORDS.)							
Indemnités foncières	6,142,582. 19		5,998,369. 71		6,245,837. 79		
Indemnités locatives	2,042,706. 77		1,691,338. 05		1,980,507. 75		
Frais de viabilité	» »		» »		349,965. 60		
Honoraires et frais	28,442. 80		24,733. 30		28,734. 13		
Intérêts d'indemnités payables à terme	» »		20,500. »		26,437. 50		
Dépenses imprévues	324. 40		7,215. »		4,123. »		
Établissement du square des Arts-et-Métiers	» »		193,871. 89		90,451. 78		
		8,214,056. 16		7,936,027. 95		8,726,147. 55	24,876,231. 66
Abords des Halles.							
Indemnités foncières	40,854. 79		3,565,574. 76		300,064. 78		
Indemnités locatives	» »		896,080. 75		» »		
Frais de viabilité	» »		404. »		25,777. »		
Honoraires et frais	» »		35,101. 38		38,455. 95		
Dépenses imprévues	» »		1,500. »		» »		
		40,854. 79		4,498,660. 89		364,297. 73	4,903,813. 41
Abords du Théâtre-Français.							
Indemnités foncières	242,268. 49		1,396,946. 02		1,005,468. 84		
Indemnités locatives	» »		» »		46,000. »		
Honoraires et frais	543. 05		18,443. 70		13,606. 79		
Intérêts d'indemnités payables à terme	7,438. 35		15,061. 64		16,600. 62		
		250,249. 89		1,430,451. 36		1,081,676. 25	2,762,377. 50
Dégagement des abords de l'Hôtel de Ville.							
Honoraires et frais	» »		» »		3,099. 20		
»	» »		» »		» »		
		» »		» »		3,099. 20	3,099. 20
TOTAL		8,505,160. 84		13,910,538. 97		10,184,141. »	32,599,840. 81

4

OPÉRATIONS et NATURE DES RECETTES.	ANNÉES						TOTAL GÉNÉRAL
	1859.	TOTAL par opération.	1860.	TOTAL par opération.	1861.	TOTAL par opération.	
LOI DU 19 JUIN 1857.							
Boulevard de Sébastopol (rive gauche). (DU PONT A LA PLACE SAINT-MICHEL ET ABORDS.)							
Vente de matériaux	86,454. 85		107,036. 60		6,000. »		
Revente de terrains	42,825. »		278,835. 40		436,555. 54		
Loyers de propriétés communales	1,915. 25		8,025. »		7,730. 33		
Versements par la Caisse municipale	» »		3,000,000. »		1,000,000. »		
Recettes diverses	262,387. 65		» »		» »		
»	» »		» »		» »		
»	» »		» »		» »		
		393,582. 75		3,393,897. »		1,450,285. 87	5,237,765. [illegible]
Boulevard Saint-Germain.							
Vente de matériaux	204,510. 10		2,555 »		234,350. »		
Revente de terrains	23,579. »		45,718 93		196,864. 50		
Loyers de propriétés communales	9,702. 48		26,113. 29		51,277. 46		
Versements par la Caisse municipale	2,000,000 »		2,000,000. »		7,000,000. »		
Recettes diverses	» »		» »		1,267. 40		
»	» »		» »		» »		
»	» »		» »		» »		
		2,237,791. 58		2,074,387. 22		7,483,759. 36	11,795,938. [illegible]
Rue des Écoles et abords.							
Vente de matériaux	6,500. »		5,340. »		» »		
Revente de terrains	600. »		26,703. »		» »		
Loyers de propriétés communales	» »		2,716. 65		2,222. 20		
Recettes diverses	» »		» »		161. 20		
		7,100. »		34,759. 65		2,383. 40	44,243. 0[illegible]
Prolongement de la rue des Mathurins-Saint-Jacques.							
Revente de terrains	32,759. 75		15,731. 50		» »		
»	» »		» »		» »		
»	» »		» »		» »		
»	» »		» »		» »		
		32,759. 75		15,731. 50		» »	48,491. 2[illegible]
Élargissement de la rue de la Sorbonne.							
Vente de matériaux	14,652. »		3,100. »		24,088. 85		
Revente de terrains	» »		32,298. »		2,602. 65		
Loyers de propriétés communales	1,062. 50		4,182. 68		» »		
»	» »		» »		» »		
		15,714. 50		39,580. 68		26,691. 50	81,986. 6[illegible]
A reporter		2,686,948. 58		5,558,356. 05		8,963,120. 13	17,208,424. 76

OPÉRATIONS et NATURE DES DÉPENSES.	ANNÉES						TOTAL GÉNÉRAL.
	1859.	TOTAL par opération.	1860.	TOTAL par opération.	1861.	TOTAL par opération.	
LOI DU 19 JUIN 1857.							
Boulevard de Sébastopol (rive gauche). (DU PONT A LA PLACE SAINT-MICHEL ET ABORDS.)							
Indemnités foncières	1,263,327. 88		2,305,186. 90		348,140. »		
Indemnités locatives	385,667. 50		1,148,234. 75		83,745. »		
Frais de viabilité	» »		82,200. 51		54,581. 45		
Honoraires et frais	18,497. 25		17,366. »		6,600. 36		
Intérêts d'indemnités payables à terme	» »		2,944. »		2,190. »		
Trav. de reconst. du Lycée imp. St-Louis	» »		» »		94,750. 19		
Appoint[s] des agents des susdits travaux	» »	1,667,492. 63	» »	3,555,932. 16	4,083. 24	594,090. 24	5,817,515. 03
Boulevard Saint-Germain.							
Indemnités foncières	3,930,866. 25		664,331. 85		5,194,129. 36		
Indemnités locatives	657,055. 05		12,225. »		1,403,005. »		
Frais de viabilité	161,228. »		111,840. 35		145,466. 91		
Honoraires et frais	33,903. 72		17,711. 56		42,242. 02		
Intérêts d'indemnités payables à terme	» »		1,400. »		12,133. 27		
Dépenses imprévues	» »		1,856. 25		106. 36		
Établ. d'une grille de clôture (Ent. des liq.)	8,000. »	4,791,053. 02	13,000. »	822,365. 01	10,941. »	6,808,023. 92	12,421,441. 95
Rue des Écoles et abords.							
Indemnités foncières	44,000. »		65,835. 89		122,719. 54		
Frais de viabilité	» »		26,071. 51		1,723. 99		
Honoraires et frais	798. 26		500. 23		1,271. 45		
»	» »	44,798. 26	» »	92,407. 63	» »	125,714. 98	262,920. 87
Prolongement de la rue des Mathurins-Saint-Jacques.							
Indemnités foncières	» »		73,191. 79		71,500. »		
Frais de viabilité	17,405. 29		6,603. 45		1,224. 88		
Honoraires et frais	» »		76. 70		» »		
Intérêts d'indemnités payables à terme	8,058. 21	25,463. 50	6,500. »	86,371. 94	4,875. »	77,599. 88	189,435. 32
Élargissement de la rue de la Sorbonne.							
Indemnités foncières	418,500. »		» »		» »		
Indemnités locatives	112,842. 50		» »		» »		
Frais de viabilité	14,000. »		58,432. 70		7,743. 90		
Honoraires et frais	3,719. 60	549,062. 10	363. 05	58,795. 75	» »	7,743. 90	615,601. 75
A reporter		7,077,869. 51		4,615,872. 49		7,613,172. 92	19,306,914. 92

OPÉRATIONS et NATURE DES RECETTES.	ANNÉES 1859.	TOTAL par opération.	1860.	TOTAL par opération.	1861.	TOTAL par opération.	TOTAL GÉNÉRAL.
Report.....		2,686,948. 58		5,558,356. 05		8,963,120. 13	17,208,424. 7
Élargissement de la rue Saint-Jacques.							
Loyers de propriétés communales......	537. 50		9,265. 30		23,967. 85		
»	» »		» »		» »		
»	» »		» »		» »		
»	» »		» »		» »		
		537. 50		9,265. 30		23,967. 25	33,770. 0
Élargissement des rues Saint-Jacques et Boutebrie.							
Vente de matériaux..................	34,600. 50		» »		» »		
»	» »		» »		» »		
»	» »		» »		» »		
»	» »		» »		» »		
		34,600. 50		» »		» »	34,600. 5
TOTAL....		2,722,086. 58		5,567,621. 35		8,987,087. 38	17,276,795. 3
LOI DU 28 MAI 1858.							
Boulevard du Prince-Eugène.							
Vente de matériaux..................	171,349. 60		7,455. »		93,987. »		
Revente de terrains.................	301,023. 50		106,442. 78		418,841. 43		
Loyers de propriétés communales......	5,276. 55		138,814. 75		248,721. 04		
Versements par la Caisse municipale....	3,000,000. »		4,500,000. »		12,100,000. »		
Recettes diverses....................	» »		35,595. 32		28,319. 15		
»	» »		» »		» »		
		3,477,649. 65		4,788,307. 85		12,889,868. 62	21,155,826. 1
Boulevard de Magenta et abords.							
Vente de matériaux..................	63,125. 90		182,471. 42		» »		
Revente de terrains.................	46,760. »		16,696. 15		448,936. 10		
Loyers de propriétés communales.......	14,607. 70		» »		28,436. 70		
Versements par la Caisse municipale....	» »		1,000,000. »		1,500,000. »		
Recettes diverses....................	» »		674. 90		40,315. 17		
		124,493. 60		1,199,842. 47		2,017,687. 97	3,342,024. 0
Rue Turbigo.							
Vente de matériaux..................	13,025. 50		» »		» »		
Revente de terrains.................	» »		30,320. »		514,472. 72		
Loyers de propriétés communales......	» »		8,297. 30		22,680. 90		
Versements par la Caisse municipale....	» »		» »		800,000. »		
		13,025. 50		38,617. 30		1,337,153. 62	1,388,796, 4
A reporter.....		3,615,168. 75		6,026,767. 62		16,244,710. 21	25,886,646. 5

OPÉRATIONS et NATURE DES DÉPENSES.	ANNÉES						TOTAL GÉNÉRAL.
	1859.	TOTAL par opération.	1860.	TOTAL par opération.	1861.	TOTAL par opération.	
Report.....		7,077,869. 51		4,615,872. 49		7,613,172. 92	19,306,914. 92
Élargissement de la rue Saint-Jacques.							
Indemnités foncières	» »		129,582. 61		53,000. »		
Indemnités locatives	» »		» »		700. »		
Frais de viabilité	» »		» »		256. »		
Honoraires et frais	» »		15,120. 26		680. 24		
		» »		144,702. 87		54,636. 24	199,339. 11
Élargissement des rues Saint-Jacques et Boutebrie.							
Indemnités foncières	742,054. 87		» »		» »		
Indemnités locatives	173,865. »		» »		» »		
Frais de viabilité	» »		19,661. 24		4,209. 25		
Honoraires et frais	6,314. 55		762. 20		» »		
		922,234. 42		20,423. 44		4,209. 25	946,867. 11
TOTAL.....		8,000,103. 93		4,780,998. 80		7,672,018. 41	20,453,121. 14
LOI DU 28 MAI 1858.							
Boulevard du Prince-Eugène.							
Indemnités foncières	4,662,000. »		3,617,895. 25		3,494,002. 50		
Indemnités locatives	955,778. 90		28,571. 95		1,514,563. »		
Frais de viabilité et trav. du canal St-Martin	855,090. 66		4,035,782. 04		2,753,545. 34		
Honoraires et frais	71,091. 64		32,375. 62		55,570. 37		
Intérêts d'indemnités payables à terme	» »		10,000. »		37,499. 99		
Dépenses imprévues	» »		27,235. 77		1,643,021. 47		
		6,543,961. 20		7,751,860. 63		9,498,202. 67	23,794,024. 50
Boulevard de Magenta et abords.							
Indemnités foncières	1,832,795. 33		144,876. 65		341,715. »		
Indemnités locatives	140,883. »		100. »		» »		
Frais de viabilité	316,999. 79		304,630. »		102,419. 60		
Honoraires et frais	9,816. 22		8,437. 57		3,728. 15		
Dépenses imprévues	» »		» »		25,508. 29		
		2,300,494. 34		458,044. 22		473,371. 04	3,231,909. 60
Rue Turbigo.							
Indemnités foncières	446,000. »		1,000,966. 23		313,205. 47		
Indemnités locatives	102,472. 50		261,500. »		» »		
Honoraires et frais	3,088. 77		17,605. 64		430. 32		
		551,561. 27		1,280,071. 87		313,635. 79	2,145,268. 93
A reporter.....		9,396,016. 81		9,489,976. 72		10,285,209. 50	29,171,203. 03

RECETTE.

OPÉRATIONS et NATURE DES RECETTES.	ANNÉES 1859.	TOTAL par opération.	1860.	TOTAL par opération.	1861.	TOTAL par opération.	TOTAL GÉNÉRAL.
Report.....		3,615,168. 75		6,026,767. 62		16,244,710. 21	25,886,646. 58
Avenue de Vincennes.							
Loyers de propriétés communales.......	» »		» »		41. 67		
»	» »		» »		» »		
		» »		» »		41. 67	41. 67
Rue de Rouen et nouvel Opéra.							
Vente de matériaux..................	» »		59,000. »		568,065. 80		
Revente de terrains..................	» »		636,500. »		668,499. 38		
Loyers de propriétés communales.......	» »		13,703. 73		44,279. 45		
Versements par la Caisse municipale....	» »		2,000,000. »		21,500,000. »		
Recettes diverses.....................	» »		1,100. »		15,922. 50		
»	» »		» »		» »		
		» »		2,710,303. 73		22,796,767. 13	25,507,070. 86
Boulevard de Malesherbes et abords.							
Vente de matériaux..................	9,000. »		135,461. 50		424,991. 80		
Revente de terrains..................	» »		165,108. 99		1,396,021. 76		
Loyers de propriétés communales.......	817. 05		6,830. 71		6,142. »		
Versements par la Caisse municipale...	» »		2,000,000. »		11,500,000. »		
Recettes diverses....................	» »		54,480. »		111,351. 82		
»	» »		» »		» »		
		9,817. 05		2,361,881. 20		13,438,507. 38	15,810,205. 63
Boulevard de Beaujon.							
Vente de matériaux..................	» »		46,312. 35		103,324. 65		
Revente de terrains..................	» »		» »		247,276. 78		
Loyers de propriétés communales.......	8,387. 70		10,553. 10		23,496. 15		
Versements par la Caisse municipale....	» »		» »		2,500,000. »		
Recettes diverses.....................	» »		» »		4,789. 10		
		8,387. 70		56,865. 45		2,878,886. 68	2,944,139. 8[illegible]
Abords de la place de l'Étoile. (RUE CIRCULAIRE.)							
Revente de terrains..................	» »		78,446. 03		29,224. 98		
Loyers de propriétés communales.......	» »		5,857. 50		13,976. 73		
»	» »		» »		» »		
»	» »		» »		» »		
»	» »		» »		» »		
		» »		84,303. 53		43,201. 71	127,505. 2[illegible]
A reporter.....		3,633,373. 50		11,240,121. 53		55,402,114. 78	70,275,609. 8[illegible]

OPÉRATIONS et NATURE DES DÉPENSES.	ANNÉES 1859.	TOTAL par opération.	1860.	TOTAL par opération.	1861.	TOTAL par opération.	TOTAL GÉNÉRAL.
Report.....		9,396,016. 81		9,489,976. 72		10,285,209. 50	29,171,203. 03
Avenue de Vincennes.							
Indemnités foncières..................	» »		160,000. »		15,392. 23		
Honoraires et frais....................	» »		599. 38		» »		
		» »		160,599. 38		15,392. 23	175,991. 61
Rue de Rouen et nouvel Opéra.							
Indemnités foncières..................	» »		6,938,945. 20		19,309,930. 66		
Indemnités locatives..................	» »		1,085,958. 50		2,044,587. 50		
Frais de viabilité......................	» »		» »		32,362. 77		
Honoraires et frais....................	112. »		25,034. 98		29,411. 90		
Intérêts d'indemnités payables à terme..	» »		» »		27,500. »		
Dépenses imprévues....................	» »		30,000. »		25,834. 83		
		112. »		8,079,938. 68		21,469,627. 66	29,549,678. 34
Boulevard de Malesherbes et abords.							
Indemnités foncières..................	72,000. »		4,073,730. 59		11,618,288. 91		
Indemnités locatives..................	» »		585,444. 15		1,220,457. 90		
Frais de viabilité......................	» »		206,618. 61		1,446,513. 71		
Honoraires et frais....................	520. 37		19,082. 47		51,417. 52		
Intérêts d'indemnités payables à terme..	» »		2,000. »		22,130. 50		
Dépenses imprévues....................	» »		300. »		1,730. »		
		72,520. 37		4,887,175. 82		14,360,538. 54	19,320,234. 73
Boulevard de Beaujon.							
Indemnités foncières..................	708,000. »		1,949,834. 97		4,975,504. 45		
Indemnités locatives..................	53,000. »		» »		387,734. 99		
Frais de viabilité......................	269. 10		195,811. 93		456,947. 68		
Honoraires et frais....................	185. 40		4,792. 27		14,019. 44		
Intérêts d'indemnités payables à terme...	3,719. 17		13,355. 24		10,870. »		
		765,173. 67		2,163,794. 41		5,845,076. 56	8,774,044. 64
Abords de la place de l'Étoile. (RUE CIRCULAIRE.)							
Indemnités foncières..................	» »		131,175. 34		267,432. 19		
Indemnités locatives..................	» »		» »		600. »		
Frais de viabilité......................	159,327. 08		132,828. 90		32,308. 78		
Honoraires et frais....................	168. »		650. »		1,487. 65		
Dépenses imprévues....................	» »		50. »		» »		
		159,495. 08		264,704. 24		301,828. 62	726,027. 94
A reporter.....		10,393,317. 93		25,046,189. 25		52,277,673. 11	87,717,180. 29

RECETTE.

OPÉRATIONS et NATURE DES RECETTES.	ANNÉES 1859.	TOTAL par opération.	1860.	TOTAL par opération.	1861.	TOTAL par opération.	TOTA GÉNÉRA
Report.....		3,633,373. 50		11,240,121. 53		55,402,114. 78	70,275,609.
Boulevard rectifié de Passy.							
Vente de matériaux	» »		48,000. »		12,500. »		
Revente de terrains	» »		» »		17,000. »		
Loyers de propriétés communales	» »		» »		1,400. »		
Versements par la Caisse municipale	» »		» »		300,000. »		
Recettes diverses	» »		» »		375. »		
		» »		48,000. »		331,275. »	379,275.
Boulevard de l'Alma (rive droite).							
Vente de matériaux	» »		» »		77,747. 50		
Revente de terrains	» »		49,826. 18		11,139. 17		
Loyers de propriétés communales	5,087. 50		20,476. 75		18,141. 60		
Recettes diverses	» »		1,114. 60		1,164. 60		
		5,087. 50		71,417. 53		108,192. 87	184,697.
Avenue de l'Empereur.							
Vente de matériaux	» »		65,878. 20		15,720. »		
Loyers de propriétés communales	» »		» »		9,827. »		
Recettes diverses	» »		» »		8,818. 23		
»	» »		» »		» »		
»	» »		» »		» »		
»	» »		» »		» »		
»	» »		» »		» »		
		» »		65,878. 20		34,365. 23	100,243.
Boulevard de l'Alma (rive gauche).							
Loyers de propriétés communales	» »		12,306. 12		24,554. 28		
»	» »		» »		» »		
»	» »		» »		» »		
»	» »		» »		» »		
		» »		12,306. 12		24,554. 28	36,860.
Avenue du Champ-de-Mars.							
Vente de matériaux	26,001. 75		» »		» »		
Revente de terrains	» »		» »		17,766. »		
»	» »		» »		» »		
»	» »		» »		» »		
		26,001. 75		» »		17,766. »	43,767.
Prolongement de l'avenue Latour-Maubourg.							
»	» »		» »		» »		
»	» »		» »		» »		
		» »		» »		» »	»
A reporter.....		3,664,462. 75		11,437,723. 38		55,918,268. 16	71,020,454.

OPÉRATIONS et NATURE DES DÉPENSES.	ANNÉES 1859.	TOTAL par opération.	1860.	TOTAL par opération.	1861.	TOTAL par opération.	TOTAL GÉNÉRAL.
Report.....		10,393,317. 93		25,016,189. 25		52,277,073. 11	87,717,180. 29
Boulevard rectifié de Passy.							
Indemnités foncières	» »		1,000,000. »		265,034. 23		
Indemnités locatives	» »		» »		135,082. 50		
Frais de viabilité	209,303. 50		229,305. 49		34,611. 55		
Honoraires et frais	» »		653. 07		1,042. »		
»	» »	209,303. 50	» »	1,229,958. 56	» »	435,770. 28	1,875,032. 34
Boulevard de l'Alma (rive droite).							
Indemnités foncières	700,000. »		496,500. »		2,493,470. 16		
Indemnités locatives	» »		» »		603,121. 25		
Honoraires et frais	1,550. 35		1,167. 75		4,031. 95		
»	» »	701,550. 35	» »	497,667. 75	» »	3,100,623. 36	4,299,841. 46
Avenue de l'Empereur.							
Indemnités foncières	88,908. »		1,771,781. 88		505,837. »		
Indemnités locatives	» »		221,037. 75		205,395. »		
Frais de viabilité	» »		301,533. 95		745,217. 17		
Honoraires et frais	56. »		4,253. »		16,998. 36		
Intérêts d'indemnités payables à terme	» »		» »		15,375. »		
Dépenses imprévues	» »		» »		454. »		
Appointements des agents du service des plantations	» »	88,964. »	1,083. 32	2,299,709. 90	216. 68	1,489,493. 21	3,878,167. 11
Boulevard de l'Alma (rive gauche).							
Indemnités foncières	249,389. 82		645,598. 63		665,853. 06		
Indemnités locatives	» »		176,000. »		» »		
Honoraires et frais	219. 30		5,549. 07		518. 25		
Intérêts d'indemnités payables à terme	» »	249,609. 12	» »	827,147. 70	22,155. »	688,526. 31	1,765,283. 13
Avenue du Champ-de-Mars.							
Indemnités foncières	460,550. »		» »		» »		
Indemnités locatives	84,475. »		» »		» »		
Frais de viabilité	191,295. 30		75,718. 37		31,680. 65		
Honoraires et frais	3,365. 31	739,685. 61	13,337. »	89,055. 37	» »	31,680. 65	860,421. 63
Prolongement de l'avenue Latour-Maubourg.							
Frais de viabilité	89,965. 15		33,239. 77		» »		
Honoraires et frais	510. »	90,475. 15	» »	33,239. 77	» »	» »	123,714. 92
A reporter.....		12,472,905. 66		30,022,968. 30		58,023,766. 92	100,519,640. 88

RECETTE.

OPÉRATIONS et NATURE DES RECETTES.	ANNÉES 1859.	TOTAL par opération.	1860.	TOTAL par opération.	1861.	TOTAL par opération.	TOTAL GÉNÉRAL.
Report.....		3,664,462. 75		11,437,723. 38		55,918,268. 16	71,020,454. 2[illegible]
Boulevard Saint-Marcel.							
Loyers de propriétés communales......	11,042. 52		25,930. 25		32,474. 19		
»	» »		» »		» »		
»	» »		» »		» »		
»	» »		» »		» »		
		11,042. 52		25,930. 25		32,474. 19	69,446. 9[illegible]
Élargissement de la rue Mouffetard.							
Loyers de propriétés communales.......	1,316. 60		7,660. 40		10,407. 19		
»	» »		» »		» »		
»	» »		» »		» »		
»	» »		» »		» »		
»	» »		» »		» »		
		1,316. 60		7,660. 40		10,407. 19	19,384. 1[illegible]
Boulevard de la barrière d'Enfer à la rue Mouffetard.							
Loyers de propriétés communales......	» »		2,788. 55		3,733. 35		
»	» »		» »		» »		
»	» »		» »		» »		
		» »		2,788. 55		3,733. 35	6,521. 9[illegible]
Rue nouvelle entre la place Maubert et le carrefour des rues Mouffetard et du Fer-à-Moulin.							
Vente de matériaux.....................	» »		36,900. »		20,272. 75		
Loyers de propriétés communales.......	250. »		1,575. »		5,588. 40		
Recettes diverses.....................	» »		» »		915. 17		
		250. »		38,475. »		26,776. 32	65,501. 3[illegible]
Rue nouvelle entre l'extrémité de la rue Soufflot et le carrefour des rues Mouffetard et du Fer-à-Moulin.							
Loyers de propriétés communales.......	» »		» »		6,073. 70		
»	» »		» »		» »		
		» »		» »		6,073. 70	6,073. 70
Boulevard de Sébastopol (Cité).							
Vente de matériaux..................	223,429. 30		» »		4,500. »		
Loyers de propriétés communales.......	» »		586. 12		612. 50		
Versements par la Caisse municipale....	3,000,000. »		2,000,000. »		» »		
Recettes diverses....................	» »		» »		135. »		
		3,223,429. 30		2,000,586. 12		5,247. 50	5,229,262. 92
A reporter.....		6,900,501. 17		13,513,163. 70		56,002,980. 41	76,416,645. 28

OPÉRATIONS et NATURE DES DÉPENSES.	ANNÉES 1859.	TOTAL par opération.	1860.	TOTAL par opération.	1861.	TOTAL par opération.	TOTAL GÉNÉRAL.
Report....		12,472,905. 66		30,022,968. 30		58,023,766. 92	100,519,640. 88
Boulevard Saint-Marcel.							
Indemnités foncières..................	312,048. 91		624,117. 33		586,000. »		
Indemnités locatives..................	» »		» »		180,000. »		
Honoraires et frais....................	2,641. 34		9,355. 38		6,138. 05		
Intérêts d'indemnités payables à terme..	» »		» »		1,500. »		
		314,690. 25		633,472. 71		773,638. 05	1,721,801. 01
Élargissement de la rue Mouffetard.							
Indemnités foncières..................	160,087. 90		55,679. 90		99,189. 86		
Indemnités locatives..................	500. »		» »		» »		
Honoraires et frais....................	9,215. 68		4,291. 89		3,329. 37		
Intérêts d'indemnités payables à terme..	» »		» »		375. »		
Dépenses imprévues....................	» »		23. 35		» »		
		169,803. 58		59,995. 14		102,894. 23	332,692. 95
Boulevard de la barrière d'Enfer à la rue Mouffetard.							
Indemnités foncières..................	» »		48,654. 79		149,000. »		
Indemnités locatives..................	» »		» »		23,000. »		
Honoraires et frais....................	1,309. 35		» »		1,216. 48		
		1,309. 35		48,654. 79		173,216. 48	223,180. 62
Rue nouvelle entre la place Maubert et le carrefour des rues Mouffetard et du Fer-à-Moulin.							
Indemnités foncières..................	15,000. »		116,000. »		231,329. 58		
Honoraires et frais....................	462. »		364. 13		508. 92		
»	» »		» »		» »		
		15,462. »		116,364. 13		231,838. 50	363,664. 63
Rue nouvelle entre l'extrémité de la rue Soufflot et le carrefour des rues Mouffetard et du Fer-à-Moulin.							
Indemnités foncières..................	» »		» »		611,232. 87		
Honoraires et frais....................	» »		194. 63		1,257. 98		
		» »		194. 63		612,490. 85	612,685. 48
Boulevard de Sébastopol (Cité).							
Indemnités foncières..................	4,957,000. »		» »		308,838. 35		
Indemnités locatives..................	2,159,928. 75		» »		183,805. 50		
Frais de viabilité......................	79,117. »		77,404. 84		29,056. 19		
Honoraires et frais....................	30,345. 45		245. 55		2,350. 16		
		7,226,391. 20		77,650. 39		524,050. 20	7,828,091. 79
A reporter....		20,200,562. 04		30,959,300. 09		60,441,895. 23	111,601,757. 36

RECETTE.

OPÉRATIONS et NATURE DES RECETTES.	ANNÉES 1859.	TOTAL par opération.	1860.	TOTAL par opération.	1861.	TOTAL par opération.	TOTAL GÉNÉRAL.
Report.........		6,900,501. 17		13,513,163. 70		56,002,980. 41	76,416,645. 28
Boulevard de Sébastopol (rive gauche). (DE LA PLACE SAINT-MICHEL AU CARREFOUR DE L'OBSERVATOIRE, ET ABORDS.)							
Vente de matériaux..................	» »		121,401. 80		1,400. »		
Revente de terrains..................	» »		100,000. »		314. »		
Loyers de propriétés communales.......	» »		» »		355. 70		
Versements par la Caisse municipale....	» »		1,000,000. »		» »		
Recettes diverses.....................	» »		450. »		» »		
		» »		1,221,851. 80		2,069. 70	1,223,921. 50
Élargissement de la rue Saint-Thomas-d'Enfer. (ABORDS DU BOULEVARD DE SÉBASTOPOL, RIVE GAUCHE.)							
Loyers de propriétés communales.......	» »		445. 17		932. »		
»	» »		» »		» »		
		» »		445. 17		932. »	1,377. 17
Abords de la rue Soufflot. (ABORDS DU BOULEVARD DE SÉBASTOPOL, RIVE GAUCHE.)							
Loyers de propriétés communales.......	» »		12,501. 05		27,659. »		
Recettes diverses.....................	» »		» »		210. »		
		» »		12,501. 05		27,869. »	40,370. 05
Prolongement de la rue de la Glacière.							
Vente de matériaux..................	» »		11,033. 35		22,066. 65		
»	» »		» »		» »		
»	» »		» »		» »		
»	» »		» »		» »		
		» »		11,033. 35		22,066. 65	33,100. »
Prolongement de l'avenue de Breteuil.							
»	» »		» »		» »		
»	» »		» »		» »		
		» »		» »		» »	» »
Isolement du jardin du Luxembourg.							
Vente de matériaux..................	» »		» »		64,625. »		
Recettes diverses.....................	» »		» »		1,938. 75		
»	» »		» »		» »		
		» »		» »		66,563. 75	66,563. 75
TOTAL.....		6,900,501. 17		14,758,995. 07		56,122,481. 51	77,781,977. 75

OPÉRATIONS et NATURE DES DÉPENSES.	ANNÉES						TOTAL GÉNÉRAL.
	1859.	TOTAL par opération.	1860.	TOTAL par opération.	1861.	TOTAL par opération.	
Report.........		20,200,562. 04		30,959,300. 09		60,441,895. 23	111,601,757. 36
Boulevard de Sébastopol (rive gauche). (DE LA PLACE SAINT-MICHEL AU CARREFOUR DE L'OBSERVATOIRE, ET ABORDS.)							
Indemnités foncières..................	» »		3,697,500. »		» »		
Indemnités locatives..................	» »		584,098. 25		340. »		
Frais de viabilité....................	» »		116,045. 38		88,559. 51		
Honoraires et frais...................	» »		17,406. 69		2,724. »		
Intérêts et indemnités payables à terme.	» »		7,875. »		10,000. »		
		» »		4,422,925. 32		101,623. 51	4,524,548. 83
Élargissement de la rue Saint-Thomas-d'Enfer. (ABORDS DU BOULEVARD DE SÉBASTOPOL, RIVE GAUCHE.)							
Indemnités foncières..................	» »		24,302. 46		» »		
Honoraires et frais...................	» »		210. 38		88. »		
		» »		24,512. 84		88. »	24,600. 84
Abords de la rue Soufflot. (ABORDS DU BOULEVARD DE SÉBASTOPOL, RIVE GAUCHE.)							
Indemnités foncières..................	» »		472,969. 39		70,000. »		
Honoraires et frais...................	» »		8,149. 11		388. »		
		» »		481,118. 50		70,388. »	551,506. 50
Prolongement de la rue de la Glacière.							
Indemnités foncières..................	» »		» »		515,000. »		
Indemnités locatives..................	» »		» »		59,062. 50		
Frais de viabilité....................	» »		» »		24,915. 56		
Honoraires et frais...................	» »		65. »		3,136. »		
		» »		65. »		602,114. 06	602,179. 06
Prolongement de l'avenue de Breteuil.							
Indemnités foncières..................	» »		» »		135,000. »		
Honoraires et frais...................	» »		» »		107. 40		
		» »		» »		135,107. 40	135,107. 40
Isolement du jardin du Luxembourg.							
Indemnités foncières..................	» »		» »		1,319,952. 05		
Indemnités locatives..................	» »		» »		208,031. 25		
Honoraires et frais...................	» »		» »		3,486. 78		
		» »		» »		1,531,470. 08	1,531,470. 08
TOTAL.........		20,200,562. 04		35,887,921. 75		62,882,686. 28	118,971,170. 07

RECETTE.

OPÉRATIONS et NATURE DES RECETTES.	ANNÉES 1859.	TOTAL par opération.	1860.	TOTAL par opération.	1861.	TOTAL par opération.	TOTA GÉNÉRA
OPÉRATIONS DIVERSES.							
1° Améliorations de la voie publique non subventionnées par l'État, et autorisées par décrets	1,160,557. 28	1,160,557. 28	974,312. 25	974,312. 25	7,961,599. 96	7,961,599. 96	10,096,469
2° Édifices publics	1,000,000. »	1,000,000. »	1,506,892. 15	1,506,892. 15	1,493,555. 10	1,493,555. 10	4,000,447.
3° Extension des limites de Paris.							
Marché à bestiaux	» »		1,908,757. 33		1,073,184. 60		2,981,941.
Abattoirs généraux	» »		400,000. »		» »		400,000.
Nouvelles barrières	» »		2,000,051. 28		» »		2,000,051.
Rue militaire (élargissement de la)	» »		700,000. »		3,381. 60		703,381.
Édifices religieux	» »		» »		1,275. 70		1,275.
Nouvelles mairies	» »		80,000. »		» »		80,000.
Casernement de la Garde de Paris	» »		683. 10		1,938. 05		2,621.
Casernement des Sapeurs-Pompiers	» »		» »		» »		»
Écoles	» »		» »		» »		»
Anciens boulevards extérieurs (transformation des)	136,245. 45		317,439. 65		86,735. 05		540,420.
Pavage neuf de la voie publique	» »		» »		» »		»
Établissement d'appareils d'éclairage	» »		» »		» »		»
Distribution d'eau	» »		» »		» »		»
Construction d'égouts	» »		» »		» »		»
Promenades et plantations (parc de Monceaux)	» »		» »		» »		»
Ouverture de voies nouvelles	» »		» »		4,058. 20		4,058.
Bois de Vincennes (opération du)	» »		100. »		182,635. 42		182,735.
		136,245. 45		5,407,031. 36		1,353,208. 62	
4° Opérations communes avec l'État, le Département, les Hospices, les Fabriques, etc	3,030. »	3,030. »	5,947,931. 44	5,947,931. 44	2,913,447. 70	2,913,447. 70	8,864,409.
Total		2,299,832. 73		13,836,167. 20		13,721,811. 38	29,857,811.

OPÉRATIONS et NATURE DES DÉPENSES.	ANNÉES						TOTAL GÉNÉRAL.
	1859.	TOTAL par opération.	1860.	TOTAL par opération.	1861.	TOTAL par opération.	
OPÉRATIONS DIVERSES.							
1° **Améliorations de la voie publique non subventionnées par l'État et autorisées par décrets**	9,818,006. 76	9,818,006. 76	11,772,462. 97	11,772,462. 97	12,195,412. 85	12,195,412. 85	33,785,882. 58
2° **Édifices publics**	» »	» »	1,577,456. 61	1,577,456. 61	8,387,921. 29	8,387,921. 29	9,965,377. 90
3° **Extension des limites de Paris.**							
Marché à bestiaux	800,000. »		6,635,273. 20		876,198. 33		8,311,471. 53
Abattoirs généraux	156,157. 20		357,713. 87		62,143. 97		576,015. 04
Nouvelles barrières	1,665,344. 84		1,038,142. 07		1,014,311. 39		3,717,798. 30
Rue militaire (élargissement de la)	452,966. 19		343,272. 67		123,827. 79		920,066. 65
Édifices religieux	» »		» »		1,041,988. 30		1,041,988. 30
Nouvelles mairies	» »		90,211. 31		91,927. 35		182,138. 66
Casernement de la Garde de Paris	» »		152,741. 26		3,212,699. 77		3,365,441. 03
Casernement des Sapeurs-Pompiers	» »		50,965. 75		334,984. 19		385,949. 94
Écoles	» »		» »		» »		» »
Anciens boulevards extérieurs (transformation des)	» »		53,243. 69		1,207,446. 38		1,260,690. 07
Pavage neuf de la voie publique	» »		» »		» »		» »
Établissement d'appareils d'éclairage	» »		» »		» »		» »
Distribution d'eau	» »		» »		» »		» »
Construction d'égouts	» »		» »		» »		» »
Promenades et plantations (parc de Monceaux)	» »		» »		1,026,516. 87		1,026,516. 87
Ouverture de voies nouvelles	» »		» »		352,937. 89		352,937. 89
Bois de Vincennes (opération du)	» »		1,094,981. 32		15,194,848. 11		16,289,829. 43
		3,074,468. 23		9,816,545. 14		24,539,830. 34	
4° **Opérations communes avec l'État, le Département, les Hospices, les Fabriques, etc.**	1,296,532. 35	1,296,532. 35	861,169. 68	861,169. 68	1,896,459. 29	1,896,459. 29	4,054,161. 32
TOTAL		14,189,007. 34		24,027,634. 40		47,019,623. 77	85,236,265. 51

RÉCAPITULATION DES RECETTES.

	ANNÉE 1859.	ANNÉE 1860.	ANNÉE 1861.	TOTAL GÉNÉRAL.
Lois des 4 octobre 1849, 4 août 1851 et 2 mai 1855..................................	935,576. 79	17,226,866. 61	15,620,127. 58	33,782,570.
Loi du 19 juin 1857.........................	2,722,086. 58	5,567,621. 35	8,987,087. 38	17,276,795.
Loi du 28 mai 1858.........................	6,900,501. 17	14,758,995. 07	56,122,481. 51	77,781,977.
Opérations diverses.........................	2,299,832. 73	13,836,167. 20	13,721,811. 38	29,857,811.
TOTAUX.........	12,857,997. 27	51,389,650. 23	94,451,507. 85	158,699,155.

RÉCAPITULATION DES DÉPENSES.

	ANNÉE 1859.	ANNÉE 1860.	ANNÉE 1861.	TOTAL GÉNÉRAL.
Lois des 4 octobre 1849, 4 août 1851 et 2 mai 1855..................................	8,505,160. 84	13,910,538. 97	10,184,141. »	32,599,840. 81
Loi du 19 juin 1857..........................	8,000,103. 93	4,780,998. 80	7,672,018. 41	20,453,121. 14
Loi du 28 mai 1858........................	20,200,562. 04	35,887,921. 75	62,882,686. 28	118,971,170. 07
Opérations diverses..........................	14,189,007. 34	24,027,634. 40	47,019,623. 77	85,236,265. 51
Totaux..........	50,894,834. 15	78,607,093. 92	127,758,469. 46	257,260,397. 53

CHAPITRE TROISIÈME.

MOUVEMENT GÉNÉRAL DE LA CAISSE

PENDANT LES ANNÉES 1859, 1860 ET 1861.

Pour avoir une idée complète de l'importance des opérations financières accomplies par la Caisse des Travaux de Paris, il suffira d'examiner les tableaux suivants, qui font ressortir, comme mouvement général de la Caisse, un chiffre total de 1,204,286,800 fr. 67 c., dont 604,635,305 fr. 10 c. en recette et 599,651,495 fr. 57 c. en dépense, du 3 janvier 1859 au 31 décembre 1861.

En outre, chaque année est l'objet d'un tableau spécial dont tous les chiffres sont extraits des livres de la comptabilité et conformes au compte de gestion transmis régulièrement à la Cour des comptes par le Caissier, conformément au décret du 27 décembre 1858.

Les Inspecteurs des finances, chargés dans l'intérêt de l'État de la vérification du compte des opérations faites en participation avec la Ville de Paris, ont eu nécessairement à examiner les écritures du Receveur municipal et celles du Caissier des Travaux de Paris, et se sont plu à reconnaître que la comptabilité de la nouvelle Caisse était établie en conformité des instructions ministérielles et tenue avec la plus grande clarté.

Le 31 décembre de chaque année, une Commission, à l'instar de celle annuellement instituée près de la Caisse municipale, est nommée par M. le Préfet pour clore le livre-journal du Caissier et constater la situation de l'encaisse et du portefeuille de ce comptable. Cette Commission dresse un procès-verbal détaillé des valeurs et du numéraire en caisse, et copies de ce document sont adressées à M. le Ministre des Finances et à la Cour des comptes. Les résultats consignés dans les situations qui suivent sont donc régulièrement établis et officiellement reconnus.

ANNÉE 1859.

SITUATION AU 31 DÉCEMBRE.

RECETTES.

Émission des bons de la Caisse		74,456,300. »
Dotation versée par la Caisse municipale		10,000,000. »
Revenu de la dotation		405,250. »
Revente de terrains	1,170,352. 60	
Vente de matériaux	1,326,206. 99	2,595,609. 62
Loyers de propriétés communales	99,050. 03	
Produits divers		1,519,013. 22
Versements à valoir par la Caisse municipale sur les fonds du budget		9,000,000. »
Versements en compte courant		8,500,000. »
Retrait de fonds placés en compte courant		2,000,000. »
TOTAL DES RECETTES		108,476,172. 84

DÉPENSES.

Remboursement des bons	Principal	44,315,100. »	44,850,889. 25	
	Intérêts	535,789. 25		
Achat de valeurs publiques pour la dotation			9,997,084. 20	
Versements en compte courant			2,000,000. »	
Expropriations :	Indemnités foncières	38,289,326. 92		
	Indemnités locatives	7,146,290. 82	45,860,872. 61	107,997,104. 42
	Honoraires et frais	305,065. 21		
	Intérêts d'indemnités	120,189. 66		
Frais de viabilité			3,211,671. 10	
Travaux de construction			1,750,957. 20	
Dépenses diverses			164,083. 16	
Dépenses d'administration	Personnel	60,647. 08		
	Matériel, frais de bureau	43,127. 57	161,546. 90	
	Timbre des bons de la Caisse et autres	57,772. 25		
RESTE en caisse au 31 décembre 1859				479,068. 42

ANNÉE 1860.

SITUATION AU 31 DÉCEMBRE.

RECETTES.

Recettes	Détail	Montant
Émission des bons de la Caisse		146,617,800. »
Revenu de la dotation		568,750. »
Vente de portion des effets publics de la dotation		5,539,950. 95
Revente de terrains	4,987,867. 12	7,065,068. 14
Vente de matériaux	1,535,646. 50	
Loyer de propriétés communales	541,554. 52	
Produits divers		909,462. 24
Versements à valoir par la Caisse municipale sur les fonds du budget		39,500,000. »
Versements à valoir sur les dépenses faites pour le Département		4,709,967. 40
Versements en compte courant		9,000,000. »
Subvention de la Caisse municipale (*Dépenses d'administration, frais de timbre et de négociation en* 1859)		292,086. 15
TOTAL DES RECETTES		214,203,084. 88
A AJOUTER : le solde en caisse au 31 décembre 1859		479,068. 42
TOTAL GÉNÉRAL DES RECETTES		214,682,153. 30

DÉPENSES.

Dépenses		Détail	Sous-total	Total
Remboursement des bons	Principal	95,487,500. »	97,471,213. 89	212,006,006. 16
	Intérêts	1,983,713. 89		
Achat de valeurs publiques pour la dotation			5,534,968. 90	
Versements en compte courant			29,511,284. 08	
Expropriations	Indemnités foncières	57,412,359. 61	65,995,486. 66	
	Indemnités locatives	7,968,762. 40		
	Honoraires et frais	426,711. 84		
	Intérêts d'indemnités	187,652. 81		
Frais de viabilité			8,187,280. 31	
Travaux de construction			3,134,450. 49	
Bois de Vincennes	Remboursement à la Liste civile	1,000,000. »	1,094,981. 32	
	Travaux d'embellissement	94,981. 32		
Dépenses diverses			851,085. 68	
Dépenses d'administration	Personnel	78,833. 61	225,254. 83	
	Matériel, frais de bureau	16,317. 41		
	Timbre des bons de la Caisse et autres	73,394. 45		
	Intérêts de cautionnements en numéraire	56,709. 36		
RESTE en caisse au 31 décembre 1860				2,676,147. 14

ANNÉE 1861.

—

SITUATION AU 31 DÉCEMBRE.

RECETTES.

Article	Détail	Montant
Émission des bons		133,070,900. »
Revenu de la dotation		219,500. »
Dotation supplémentaire versée par la Caisse municipale		10,000,000. »
Vente de valeurs publiques complétant la dotation		9,906,806. 30
Revente de terrains	7,799,013. 05	
Vente de matériaux	2,131,269. 31	11,036,299. 67
Loyers de propriétés communales	1,106,017. 31	
Produits divers		2,431,679. 78
Versements à valoir par la Caisse municipale sur les fonds du budget		81,500,000. »
Versements sur les dépenses faites pour le Département		1,588,621. 05
Versements en compte courant		2,500,000. »
Retrait de fonds placés en compte courant		24,906,806. 30
Subvention de la Caisse municipale (*Dépenses d'administration, frais de timbre et de négociation en 1860*)		1,640,218. 72
Total des Recettes		278,800,831. 82
À ajouter : le solde en caisse au 31 décembre 1860		2,676,147. 14
Total général des Recettes		281,476,978. 96

DÉPENSES.

Article	Détail	Montant partiel	Montant	Total
Remboursement des bons	Capital	116,759,100. »	120,578,874. 71	
	Intérêts	3,819,774. 71		
Achat de valeurs publiques pour la dotation			19,914,375. »	
Versements en compte courant			9,906,806. 30	
Expropriations	Indemnités foncières	94,076,789. 81		
	Indemnités locatives	13,312,372. 89	108,286,995. 91	
	Honoraires et frais	603,217. 81		
	Intérêts d'indemnités	294,615. 40		
Indemnité à la Compagnie du canal Saint-Martin		1,338,800. »	1,628,800. »	279,648,384. 99
Indemnités à divers industriels du canal Saint-Martin		290,000. »		
Frais de viabilité			10,340,899. 81	
Travaux de construction			5,997,757. 36	
Bois de Vincennes, travaux d'embellissement			1,269,465. 72	
Dépenses diverses			1,300,764. 62	
Dépenses d'administration	Personnel	88,899. 36		
	Matériel, frais de bureau	31,258. 26	423,645. 56	
	Timbre des bons de la Caisse et autres	71,063. 50		
	Intérêts de cautionnements en numéraire	232,424. 44		
Reste en caisse au 31 décembre 1861				1,828,593. 97

RÉCAPITULATION

DES TROIS ANNÉES 1859, 1860 ET 1861.

RECETTES.

Année 1859, du 3 janvier au 31 décembre.	108,476,172. 84
Id. 1860, du 2 janvier au 31 décembre.	214,682,153. 30
Id. 1861, id.	281,476,978. 96
TOTAL DES RECETTES. . . .	604,635,305. 10

DÉPENSES.

Année 1859, du 3 janvier au 31 décembre. . . .	107,997,104. 42	
Id. 1860, du 2 janvier au 31 décembre. . . .	212,006,006. 16	599,651,495. 57
Id. 1861, id.	279,648,384. 99	
TOTAL DU MOUVEMENT GÉNÉRAL DE LA CAISSE. . . . . . (Du 3 janvier 1859 au 31 décembre 1861.)		1,204,286,800. 67

RÉSUMÉ.

Après avoir passé en revue l'ensemble des opérations accomplies pendant cette période triennale, je croirais manquer à mon devoir en ne faisant pas remarquer qu'un personnel relativement restreint, et qui ne s'est pas accru en raison du travail exigé, a suffi à l'accomplissement de ce labeur considérable. C'est en doublant les heures de travail, en ne comptant avec aucune veille, en apportant un zèle et un dévouement soutenus, qu'on a pu obtenir la confection de près de 62,000 bons, l'ouverture de 9,000 comptes particuliers, l'expédition de plus de 19,000 mandats d'un libellé long et compliqué, la tenue d'une comptabilité divisée à l'infini, l'examen d'une foule de questions contentieuses relatives à la régularité des payements des prix d'immeubles, le classement de pièces innombrables, résultant d'un mouvement de caisse qui a dépassé de beaucoup un milliard, en un mot la création et la mise en œuvre du nouvel établissement.

Son caractère, son utilité et son mécanisme ont été justement définis dans une circonstance solennelle (13 août 1861), par le premier magistrat de la cité; M. le Sénateur, Préfet de la Seine, s'exprimait ainsi, en s'adressant à l'Empereur, le jour de l'inauguration du boulevard Malesherbes :

« Les dépenses des grands travaux de Paris sont l'objet d'une comptabilité « spéciale. On y fait face au moyen de ressources de crédit, limitées annuelle« ment par la loi de finances, et remboursées graduellement, au moyen de la « réalisation des prix de revente de terrains et de matériaux, des subventions « dues par l'État, et, enfin, des prélèvements opérés sur les revenus de la Ville, « dans la mesure des besoins. La comptabilité spéciale, dont le bilan mensuel « se contrôle aux Ministères de l'Intérieur et des Finances, est soumise tous les « ans au Corps législatif, en même temps que la situation des travaux, et il y a « deux mois à peine que cette assemblée, par l'organe de sa Commission du « budget, se déclarait pleinement satisfaite de l'une et de l'autre justification. »

Déjà, au mois de juillet 1860, cette même Commission, par l'organe de son honorable rapporteur, M. Gouin, déclarait que « l'examen attentif auquel elle « s'était livrée, de tous les documents que M. le Préfet de la Seine s'était em« pressé de mettre à sa disposition, l'avait pleinement satisfaite sur la situation « de ce service, dans toutes les parties duquel les prescriptions légales lui avaient « paru exactement observées. »

A ces témoignages flatteurs est venue se joindre l'autorité des constatations réglementaires; car, ainsi qu'il est dit plus haut, les vérifications officielles faites, tant par les Inspecteurs des finances que par les Commissions spéciales nommées à la fin de chaque année par M. le Préfet, ont reconnu la parfaite régularité des opérations de la Caisse.

Toutes les questions se rattachant à son organisation et à la marche de son service ont été soumises par M. le Préfet au Comité consultatif placé près de la Caisse, en conformité du décret organique. Ce Comité, composé de hautes notabilités administratives et financières, a prêté au nouvel établissement un puissant concours. Les documents et les justifications propres à l'éclairer ont été périodiquement mis sous ses yeux et ont reçu son entière approbation.

En résumé, l'institution de la Caisse des Travaux de Paris a rapidement atteint son but; elle a acquis la sanction de l'expérience et est devenue un des rouages les plus actifs, les plus essentiels et désormais indispensables de la

Trésorerie municipale. Grâce aux ressources extraordinaires qu'elle a permis de réaliser, on a pu procéder sans délai à l'exécution des grands travaux destinés à transformer la Capitale de la France, et qui seront la gloire la plus durable d'un règne déjà illustre à tant de titres. Cette promptitude dans l'accomplissement des vastes projets qui découlent d'une auguste pensée contribuera à en atténuer les charges; car, ainsi que l'a dit M. le Préfet de la Seine : « Hâter la dépense, c'est la diminuer. »

LE DIRECTEUR

de la Caisse des Travaux de Paris,

FERDINAND LE ROY.

Paris, le 31 mars 1862.

COMITÉ CONSULTATIF.

Séance du 3 mai 1862.

Présents : M. le SÉNATEUR, PRÉFET DE LA SEINE, *Président;* MM. le Comte DE GERMINY, Gouverneur de la Banque de France; BILLAUD, Membre du Conseil municipal; FÈRE, Membre du Conseil municipal; FERDINAND LE ROY, Directeur de la Caisse des Travaux de Paris, *Secrétaire* du Comité.

Du procès-verbal a été extrait ce qui suit :

« M. le Préfet, conformément à l'article 14 du décret du 14 novembre 1858, invite le Comité à « vouloir bien donner son avis sur le Compte moral et financier, présenté par le Directeur, des « opérations effectuées par la Caisse des Travaux de Paris, depuis le 3 janvier 1859 jusqu'au 31 dé- « cembre 1861.

« M. Billaud, qui a bien voulu se charger du rapport et examiner ce travail dans toutes ses parties, « donne lecture des développements principaux et des résultats qu'il renferme.

« Les Membres présents, désirant prendre une connaissance plus étendue de ce travail avant de « lui donner leur adhésion, ajournent à lundi leur délibération. »

Séance du 5 mai 1862.

Présents : M. le SÉNATEUR, PRÉFET DE LA SEINE, *Président;* MM. le Comte DE GERMINY, Gouverneur de la Banque de France; GUILLEMOT, Directeur général des Caisses d'amortissement et des Dépôts et Consignations; BILLAUD, Membre du Conseil municipal; DEVINCK, Membre du Conseil municipal; FÈRE, Membre du Conseil municipal; FERDINAND LE ROY, Directeur de la Caisse des Travaux de Paris, *Secrétaire* du Comité.

Du procès-verbal a été extrait ce qui suit :

« Le Comité consultatif, appelé à donner son avis sur le Compte moral et financier présenté par « le Directeur de la Caisse des Travaux de Paris, pour les années 1859, 1860 et 1861;

« Déclare l'approuver dans toutes ses parties. »

Pour extraits conformes :

Le Secrétaire du Comité,

FERDINAND LE ROY.

ANNEXES.

NOMENCLATURE.

1° Décrets constitutifs.

2° Décret et lois concernant l'émission des bons.

3° Décret et lois concernant les opérations de voirie et autres.

4° Documents administratifs.

1°

DÉCRETS CONSTITUTIFS.

Décret impérial du 14 novembre 1858.

NAPOLÉON, par la grâce de Dieu et la volonté nationale, Empereur des Français,

A tous présents et à venir, salut.

Sur la proposition de notre Ministre Secrétaire d'État au département de l'Intérieur,

AVONS DÉCRÉTÉ ET DÉCRÉTONS CE QUI SUIT :

ART. 1er.

Il est institué, sous la garantie de la Ville de Paris, et sous l'autorité du Préfet de la Seine, une Caisse spéciale qui sera chargée du service de trésorerie des grands travaux publics de la Ville, et qui prendra le titre de : *Caisse des Travaux de Paris.*

ART. 2.

Cette Caisse sera chargée d'acquitter :

1° Toutes les indemnités foncières ou locatives réglées, soit à l'amiable, soit judiciairement, par suite d'expropriations, d'évictions ou de dommages résultant de l'exécution des grands travaux qui sont ou seront entrepris par la Ville, en vertu de décrets de l'Empereur ou d'autorisations ministérielles compétentes ;

2° Les frais dûment taxés et les dépenses de toute nature régulièrement liquidées se rapportant aux mêmes travaux.

Toutefois, aucun payement ne pourra avoir lieu qu'en vertu d'un arrêté rendu par le Préfet de la Seine en la forme administrative ordinaire. Tout mandat devra, d'ailleurs, être appuyé des autres pièces justificatives que les règlements sur la comptabilité communale peuvent exiger. Ces pièces seront préalablement soumises aux mêmes vérifications et visas que celles qui accompagnent les mandats délivrés directement sur la Caisse municipale.

ART. 3.

Le Préfet de la Seine fera verser dans la Caisse de service : 1° le produit de la vente des matériaux provenant des immeubles expropriés ; 2° le prix des portions d'immeubles restant disponibles et cédés par la Ville ; les produits divers se rattachant aux opérations pour lesquelles ladite Caisse est établie.

ART. 4.

La Caisse de service ouvrira un compte spécial pour chaque entreprise, et les sommes qu'elle aura reçues ou payées seront inscrites au débit ou au crédit de l'affaire qu'elles concerneront.

Art. 5.

Tous les trois mois, et plus souvent, s'il y a lieu, un état de situation de ces divers comptes sera remis au Préfet de la Seine, qui ordonnancera au profit de la Caisse, sur les crédits qui lui seront ouverts à cet effet par le Conseil municipal, soit dans le budget de la Ville, soit par des délibérations spéciales dûment approuvées, telles sommes qu'il appartiendra à valoir sur le solde final de telle ou telle entreprise.

Art. 6.

Après l'achèvement complet de tout grand travail, un décompte général en sera dressé, et, après vérification, réglé par le Préfet de la Seine. Le mandat pour solde qui sera délivré à la Caisse de service sur la Caisse municipale devra être accompagné non-seulement de l'arrêté de règlement du Préfet, mais encore de toutes les pièces justificatives des dépenses comprises dans le décompte.

Art. 7.

La Caisse des Travaux de Paris aura la faculté d'émettre des valeurs de crédit pour faire face aux besoins du service de trésorerie dont elle est chargée, mais seulement dans la limite qui sera fixée, pour chaque émission, par une délibération du Conseil municipal, approuvée par décret de l'Empereur.

Art. 8.

Les frais de négociation de ces valeurs et les dépenses de toute espèce nécessitées par l'administration de la Caisse seront supportés par la Ville.

Des crédits spéciaux seront ouverts au budget de la Ville pour en assurer le payement.

Art. 9.

La Caisse des Travaux de Paris sera régie par un directeur, chargé, sous les ordres du Préfet de la Seine :

1° D'assurer l'exécution des règlements et instructions la concernant ;

2° De surveiller la gestion du caissier ;

3° D'ordonner les mouvements de fonds, les payements, et en général toutes les opérations de la Caisse ;

4° De proposer au Préfet le budget annuel ;

5° De présenter, à la clôture de l'exercice, un compte moral et financier des opérations effectuées.

Art. 10.

Le caissier est responsable de la gestion et de la régularité des payements effectués par la Caisse.

Il doit verser dans la Caisse municipale un cautionnement dont le montant est fixé par le Préfet, et qui produit intérêt au taux réglé pour les comptables de la Ville.

Il dresse chaque jour un état de situation, et chaque mois, une balance générale de la Caisse.

Ces documents sont remis au Directeur, qui les transmet au Préfet, après les avoir vérifiés et certifiés.

Le Caissier rend, pour chaque exercice, un compte de gestion qui est soumis au Conseil municipal et arrêté par le Préfet.

ART. 11.

Un contrôle permanent est établi auprès de la Caisse ; elle est, en outre, soumise à la vérification de l'Inspecteur des Caisses qui dépendent de l'Administration municipale, sans préjudice des vérifications qui peuvent être faites par les inspecteurs des finances.

ART. 12.

Le Directeur est nommé, sur la proposition du Préfet de la Seine, par le Ministre de l'Intérieur.

Le Caissier et les autres employés sont nommés par le Préfet de la Seine.

ART. 13.

Il est interdit au Directeur, au Caissier et à tous employés et agents de la Caisse, de s'immiscer ou de s'intéresser directement ou indirectement dans les opérations relatives aux travaux de Paris.

ART. 14.

Un comité consultatif est appelé à donner son avis :

1° Sur le montant du cautionnement à fournir par le Caissier ;

2° Sur les opérations financières nécessitées par les besoins du service, notamment sur la forme des valeurs à émettre par la Caisse, sur les époques d'émission et de remboursement, et sur toutes les conditions de la négociation de ces valeurs ;

3° Sur le Compte moral et financier présenté chaque année par le Directeur, et sur toutes les questions se rattachant à l'organisation de la Caisse et à la marche de son service.

Le Comité consultatif sera présidé par le Préfet de la Seine et composé du Gouverneur de la Banque, du Directeur général de la Caisse d'amortissement, du Directeur du mouvement général des fonds au Ministère des Finances, et de trois membres pris dans le Conseil municipal et nommés par le Ministre de l'Intérieur, sur la proposition du Préfet de la Seine (1).

ART. 15.

Notre Ministre Secrétaire d'État au département de l'Intérieur est chargé de l'exécution du présent décret.

Fait au palais de Compiègne, le 14 novembre 1858.

Signé NAPOLÉON.

Par l'Empereur :

Le Ministre Secrétaire d'État au département de l'Intérieur,

Signé DELANGLE.

(1) MM. Billaud, Devinck et Fère.

Décret impérial du 27 décembre 1858.

NAPOLÉON, par la grâce de Dieu et la volonté nationale, Empereur des Français,

A tous présents et à venir, salut.

Sur le rapport de notre Ministre Secrétaire d'État au département de l'Intérieur,

AVONS DÉCRÉTÉ ET DÉCRÉTONS CE QUI SUIT :

ART. 1er.

Les dispositions de notre décret du 14 novembre 1858, portant institution de la Caisse des Travaux de Paris, sont modifiées ainsi qu'il suit :

« ART. 6. Après l'achèvement complet de tout grand travail, un décompte général en sera dressé, et, après vérification, réglé par le Préfet de la Seine. Le mandat pour solde, qui sera délivré à la Caisse de service sur la Caisse municipale, devra être accompagné de l'arrêté du règlement du Préfet. »

« ART. 10. Le Caissier est responsable de la gestion et de la régularité des recettes et des payements effectués par la Caisse.

« Il est justiciable de la Cour des comptes.

« Il doit verser au Trésor un cautionnement dont le montant sera fixé par le Ministre de l'Intérieur, sur la proposition du Préfet.

« Il dresse chaque jour un état de situation et chaque mois une balance générale de la Caisse.

« Ces documents sont remis au Directeur, qui les transmet au Préfet après les avoir vérifiés et certifiés.

« Des expéditions de la balance générale sont également adressées aux Ministres de l'Intérieur et des finances, à la fin de chaque mois.

« Le Caissier rend des comptes de gestion annuels dans la forme des comptes des receveurs municipaux; ces comptes sont soumis au Conseil municipal, arrêtés par le Préfet et transmis ensuite à la Cour des comptes, avec toutes les pièces justificatives des recettes et des dépenses.

« ART. 12. Le Directeur et le Caissier sont nommés, sur la proposition du Préfet de la Seine, par le Ministre de l'Intérieur.

« Les autres employés sont nommés par le Préfet. »

ART. 2.

Notre Ministre Secrétaire d'État au département de l'Intérieur est chargé de l'exécution du présent décret.

Signé NAPOLÉON.

Par l'Empereur :

Le Ministre Secrétaire d'État au département de l'Intérieur,

Signé DELANGLE.

2°

DÉCRET ET LOIS

CONCERNANT L'ÉMISSION DES BONS.

Décret du 6 janvier 1859.

NAPOLÉON, par la grâce de Dieu et la volonté nationale, Empereur des Français,

A tous présents et à venir, salut.

Sur le rapport de notre Ministre Secrétaire d'État au département de l'Intérieur;

Vu notre décret en date du 14 novembre 1858, qui a institué la Caisse des Travaux de Paris (articles 7 et 14);

Vu l'avis du Conseil consultatif de ladite Caisse, du 7 décembre 1858;

Vu la délibération du Conseil municipal de la ville de Paris, en date du 10 du même mois;

Vu l'article 41 de la loi du 18 juillet 1837, dont le deuxième paragraphe porte ce qui suit :

« .... En cas d'urgence et dans l'intervalle des sessions, une ordonnance du Roi, rendue dans la « forme des règlements d'administration publique, pourra autoriser les communes dont le revenu « est de cent mille francs et au-dessus à contracter un emprunt jusqu'à concurrence du quart de « leurs revenus; »

Vu les comptes de la Ville de Paris, pour les exercices 1855, 1856 et 1857, desquels il résulte que, pendant ces trois exercices, la moyenne des recettes ordinaires de la Ville de Paris a dépassé soixante millions;

Notre Conseil d'État entendu,

AVONS DÉCRÉTÉ ET DÉCRÉTONS CE QUI SUIT :

ART. 1er.

La Caisse des Travaux de Paris est autorisée à faire, à un intérêt qui ne pourra dépasser cinq pour cent, une émission de bons pour une somme de quinze millions de francs.

ART. 2.

Notre Ministre Secrétaire d'État au département de l'Intérieur est chargé de l'exécution du présent décret.

Fait au palais des Tuileries, le 6 janvier 1859.

Signé NAPOLÉON.

Par l'Empereur :

Le Ministre Secrétaire d'État au département de l'Intérieur,

Signé DELANGLE.

Extrait de la loi du 11 juin 1859.

ART. 17.

Chaque année, un article de la loi de finances fixera le montant des bons que la Caisse des Travaux publics de la Ville de Paris pourra mettre en circulation.

Pendant l'année 1859, les bons en circulation ne pourront excéder trente millions de francs (30,000,000 fr.), y compris les quinze millions de francs (15,000,000 fr.) que cette Caisse a été autorisée à émettre par le décret du 6 janvier 1859.

Pendant l'année 1860, les bons en circulation ne pourront excéder la somme totale de soixante millions de francs (60,000,000 fr.).

Les conditions de négociation des valeurs à émettre par la Caisse des Travaux publics devront être approuvées par le Ministre des Finances.

Il sera annexé à la loi annuelle de finances un compte particulier indiquant le montant des bons émis, l'emploi de leur produit et la situation des travaux.

Extrait de la loi du 26 juillet 1860.

ART. 16.

Les bons que la Caisse des Travaux publics de la Ville de Paris est autorisée à mettre en circulation, pendant l'année 1861, ne pourront excéder la somme de cent millions de francs (100,000,000 fr.).

Les bons à mettre en circulation pendant l'année 1860, qui avaient été fixés à soixante millions (60,000,000 fr.) par la loi du 11 juin 1859, pourront être élevés à la somme ci-dessus de cent millions de francs (100,000,000 fr.).

Extrait de la loi du 28 juin 1861.

ART. 15.

Les bons que la Caisse des Travaux publics de la Ville de Paris est autorisée à mettre en circulation pendant l'année 1862 ne pourront excéder cent millions de francs (100,000,000 fr.).

3°

DÉCRET ET LOIS

CONCERNANT LES OPÉRATIONS DE VOIRIE ET AUTRES.

Loi du 4 octobre 1849.

L'ASSEMBLÉE NATIONALE LÉGISLATIVE A ADOPTÉ LA LOI DONT LA TENEUR SUIT :

ART. 1er.

Les propriétés appartenant à l'État, situées dans le périmètre compris entre le Louvre et les Tuileries, seront démolies.

Les propriétés particulières situées dans le même périmètre seront acquises au compte de l'État, pour être également démolies.

La rue de Rivoli sera prolongée de la rue de Rohan à la rue de la Bibliothèque. Les propriétés particulières situées sur l'emplacement destiné au prolongement de ladite rue seront acquises au compte de la Ville de Paris.

ART. 2.

Le traité passé entre le Ministre des Travaux publics et le Préfet de la Seine, en date du 2 août 1849, et annexé à la présente loi, est approuvé.

ART. 3.

Une somme de six millions quatre cent mille francs (6,400,000 fr.) est affectée au payement de la part des dépenses mise à la charge de l'État par le susdit traité.

ART. 4.

Sur l'allocation de six millions quatre cent mille francs (6,400,000 fr.) mentionnée en l'article précédent, il est ouvert au Ministre des Travaux publics un crédit de un million six cent mille francs (1,600,000 fr.) sur l'exercice 1850.

Ce crédit sera l'objet d'un chapitre spécial dans le compte de 1850.

ART. 5.

Il sera procédé, dans les formes prescrites pour la vente des domaines de l'État, à l'aliénation de tout ou partie des immeubles portés au tableau annexé à la présente loi, et provenant du domaine administré par l'ancienne Liste civile.

ART. 6.

Les Ministres des Travaux publics et des Finances présenteront à l'Assemblée nationale un compte spécial et détaillé des opérations autorisées par les articles précédents.

ART. 7.

Une somme de six cent trente mille francs (630,000 fr.) est affectée aux travaux à exécuter dans le palais du Louvre, pour l'établissement des grilles d'enceinte du côté de Saint-Germain-l'Auxerrois, et pour l'achèvement de la grande cour et de ses quatre portiques.

Sur ladite allocation de six cent trente mille francs (630,000 fr.), il est ouvert au Ministre des Travaux publics un crédit de deux cent cinquante mille francs (250,000 fr.) sur l'exercice 1850.

ART. 8.

Il sera pourvu à la dépense autorisée par la présente loi, au moyen des ressources affectées aux besoins de l'exercice 1850.

ART. 9.

Le Ministre des Travaux publics fera dresser, dans un bref délai, les plans et devis des travaux de réparation et de construction nécessaires pour maintenir la Bibliothèque nationale dans son emplacement actuel, et pourvoir à son accroissement au fur et à mesure de ses besoins.

ART. 10.

Le Ministre des Travaux publics fera préparer un projet d'appropriation du deuxième étage du Louvre aux expositions de peinture.

ART. 11.

Les deux décrets en date du 24 mars, et celui du 3 mai 1848, sont abrogés.

Délibéré en séance publique, à Paris, le 4 octobre 1849.

Le Président et les Secrétaires,

Signé DUPIN, ARNAUD (de l'Ariége), CHAPOT, LACAZE,
PEUPIN, HEECKEREN, BÉRARD.

Loi du 4 août 1851.

L'ASSEMBLÉE NATIONALE A ADOPTÉ D'URGENCE LA LOI DONT LA TENEUR SUIT :

ART. 1er.

La Ville de Paris est autorisée à emprunter, avec publicité et concurrence, en totalité ou par lots, au moyen d'obligations à émettre, une somme de cinquante millions de francs (50,000,000 fr.), destinée, concurremment avec les ressources municipales dont il sera possible de disposer chaque année, aux dépenses d'établissement des grandes halles centrales et de leurs abords, et du prolongement de la rue de Rivoli.

Les obligations à créer seront de mille francs (1,000 fr.) chacune; elles porteront un intérêt qui ne pourra excéder cinq pour cent (5 p. %) par an, indépendamment d'une prime qui ne pourra excéder un pour cent (1 p. %).

Le remboursement du capital desdites obligations et le payement des primes auront lieu par semestre, et par la voie du sort.

Le procès-verbal d'adjudication dudit emprunt sera enregistré au droit fixe de un franc.

ART. 2.

La surtaxe d'octroi perçue actuellement sur les boissons à Paris est prorogée jusqu'au 31 décembre 1870, pour le produit en être exclusivement affecté, conjointement avec les sommes à prélever sur les autres recettes de la Ville, au remboursement de l'emprunt.

ART. 3.

La rue de Rivoli sera prolongée depuis le Louvre jusqu'à l'Hôtel de Ville, conformément au plan adopté par la délibération de la Commission municipale de Paris, en date du 16 juillet 1851, et annexé à la présente loi.

Il sera fait application du droit d'expropriation, consacré par l'art. 13 de la loi du 13 avril 1850, aux parcelles de terrain restant en dehors de l'alignement, et teintées en jaune sur le plan.

Il sera également fait application des articles 52 et 35 de la loi du 16 septembre 1807 aux propriétés contiguës à ces parcelles, ainsi qu'aux maisons qui n'en seront séparées que par des voies publiques à supprimer.

Les maisons à construire en façade sur la nouvelle rue seront exemptées de l'impôt foncier et de celui des portes et fenêtres pendant vingt années, à partir de la promulgation de la présente loi.

Délibéré en séance publique, à Paris, le 4 août 1851.

Le Président et les Secrétaires,

Signé DUPIN, YVAN, CHAPOT, LACAZE, MOULIN, PEUPIN, BÉRARD.

La présente loi sera promulguée et scellée du sceau de l'État.

Le Président de la République,

Signé LOUIS-NAPOLÉON BONAPARTE.

Le Garde des Sceaux, Ministre de la Justice,

Signé E. ROUHER.

Loi du 2 mai 1855.

NAPOLÉON, par la grâce de Dieu et la volonté nationale, Empereur des Français,

A tous présents et à venir, salut;

AVONS SANCTIONNÉ ET SANCTIONNONS, PROMULGUÉ ET PROMULGUONS CE QUI SUIT :

LOI.

Extrait du procès-verbal du Corps législatif.

Le Corps législatif a adopté le projet de loi dont la teneur suit :

ART. 1er.

La Ville de Paris est autorisée à émettre le nombre d'obligations nécessaire pour produire, au taux de la négociation, une somme de soixante millions de francs (60,000,000 fr.), remboursable en quarante années, à partir de 1858.

Cette somme sera affectée à l'achèvement de la rue de Rivoli, du boulevard du Centre et des opérations qui s'y rattachent, à celles des abords de l'Hôtel de Ville et de la caserne Napoléon, et enfin à l'ouverture d'un boulevard entre les places de l'Hôtel-de-Ville et du Châtelet.

L'emprunt aura lieu en totalité ou par portions, aux époques, dans la forme et aux conditions qui seront adoptées par la Commission municipale et approuvées par décrets.

Le montant de l'intérêt fixe, des lots et des primes de remboursement, ne pourra dépasser la limite de six pour cent, fixée, pour l'emprunt antérieur de la Ville, par la loi du 4 août 1851.

ART. 2.

Sont ratifiés les engagements pris par l'État à l'égard de la Ville :

1° Dans les décrets des 23 décembre 1852 et 15 novembre 1853, relatifs aux travaux des abords des Tuileries et du Louvre;

2° Dans le décret du 18 octobre 1854, en ce qui concerne les opérations indiquées dans le deuxième paragraphe de l'art 1er.

ART. 3.

Les actes faits au sujet desdits emprunts, et qui sont susceptibles d'enregistrement, seront passibles du droit fixe de un franc.

Délibéré en séance publique, à Paris, le 14 avril 1855.

Le Président,

Signé A. DE MORNY.

Les Secrétaires,

Signé Joachim MURAT, Marquis DE CHAUMONT-QUITRY, Ed. DALLOZ, Duc DE TARENTE.

Extrait du procès-verbal du Sénat.

Le Sénat ne s'oppose pas à la promulgation de la loi qui autorise la Ville de Paris à contracter un emprunt de soixante millions de francs (60,000,000 fr.).

Délibéré en séance, au palais du Sénat, le 24 avril 1855.

Le Président,

Signé TROPLONG.

Les Secrétaires,

Signé F. DE BEAUMONT, CÉCILLE, Baron T. DE LACROSSE.

Vu et scellé du sceau du Sénat :

Signé Baron T. DE LACROSSE.

Mandons et ordonnons que les présentes, revêtues du sceau de l'État et insérées au *Bulletin des Lois*, soient adressées aux cours, aux tribunaux et aux autorités administratives, pour qu'ils les inscrivent sur leurs registres, les observent et les fassent observer, et notre Ministre Secrétaire d'État au département de la Justice est chargé d'en surveiller la publication.

Fait au palais des Tuileries, le 2 mai 1855.

Signé NAPOLÉON.

Par l'Empereur :

Le Ministre d'État,

Signé Achille FOULD.

Vu et scellé du grand sceau :

Le Garde des Sceaux, Ministre Secrétaire d'État au département de la Justice,

Signé ABBATUCCI.

Loi du 19 juin 1857.

NAPOLÉON, par la grâce de Dieu et la volonté nationale, Empereur des Français,
A tous présents et à venir, salut.

AVONS SANCTIONNÉ ET SANCTIONNONS, PROMULGUÉ ET PROMULGUONS CE QUI SUIT :

LOI.

Extrait du procès-verbal du Corps législatif.

Le Corps législatif a adopté le projet de loi dont la teneur suit :

ARTICLE UNIQUE.

Les dépenses faites ou à faire pour l'ouverture du boulevard de Sébastopol sur la rive gauche de la Seine jusqu'à la place Saint-Michel, l'achèvement de la rue des Écoles et les autres travaux déclarés d'utilité publique par le décret du 11 août 1855, seront supportées pour les deux tiers par la Ville de Paris, et pour un tiers par l'État, sans toutefois que le contingent de l'État puisse excéder :

1° Un maximum de douze millions (12,000,000 fr.) pour les travaux spécifiés au décret ci-dessus;

2° Un maximum de cinq cent mille francs (500,000 fr.) pour prix des terrains qui doivent être réunis aux dépendances de l'Hôtel de Cluny et du Musée des Thermes.

Cette subvention, qui ne pourra ainsi excéder, dans aucun cas, douze millions cinq cent mille francs (12,500,000 fr.), sera payable en six annuités égales. La première de ces annuités sera exigible en 1859.

Délibéré en séance publique, à Paris, le 26 mai 1857.

Le Président,
Signé SCHNEIDER.

Les Secrétaires,
Signé Comte Joachim MURAT, Marquis DE CHAUMONT-QUITRY, Ed. DALLOZ.

Extrait du procès-verbal du Sénat.

Le Sénat ne s'oppose pas à la promulgation de la loi fixant, de la part de l'État, une subvention de douze millions cinq cent mille francs (12,500,000 fr.), payable en six annuités, dont la première sera exigible en 1859, pour l'achèvement du boulevard de Sébastopol (rive gauche), et autres travaux d'utilité publique.

Délibéré et voté en séance, au palais du Sénat, le 2 juin 1857.

Le Président,
Signé TROPLONG.

Les Secrétaires,
Signé A. DUC DE PADOUE, le Comte LE MAROIS, Baron T. DE LACROSSE.

Vu et scellé du sceau du Sénat :
Signé Baron T. DE LACROSSE.

Mandons et ordonnons que les présentes, revêtues du sceau de l'État et insérées au *Bulletin des Lois*, soient adressées aux cours, aux tribunaux et aux autorités administratives, pour qu'ils les inscrivent sur leurs registres, les observent et les fassent observer, et notre Ministre Secrétaire d'État au département de la Justice est chargé d'en surveiller la publication.

Fait au palais de Saint-Cloud, le 19 juin 1857.

Signé NAPOLÉON.

Par l'Empereur :

Le Ministre d'État,

Signé Achille FOULD.

Vu et scellé du grand sceau :

Le Garde des Sceaux, Ministre Secrétaire d'État au département de la Justice,

Signé ABBATUCCI.

Loi du 28 mai 1858 (*Traité avec l'État*).

NAPOLÉON, par la grâce de Dieu et la volonté nationale, Empereur des Français,

A tous présents et à venir, salut.

AVONS SANCTIONNÉ ET SANCTIONNONS, PROMULGUÉ ET PROMULGUONS CE QUI SUIT :

LOI.

Extrait du procès-verbal du Corps législatif.

Le Corps législatif a adopté le projet de loi dont la teneur suit :

ARTICLE UNIQUE.

Sont approuvés les articles 4 et 8 de la convention ci-annexée, passée entre le Ministre des Finances, le Ministre de l'Agriculture, du Commerce et des Travaux publics, agissant au nom de l'État, d'une part, et le Préfet du département de la Seine, agissant au nom de la Ville de Paris, d'autre part ; lesdits articles relatifs aux engagements mis à la charge du Trésor par cette convention.

Délibéré en séance publique, à Paris, le 8 mai 1858.

Le Président,

Signé Comte DE MORNY.

Les Secrétaires,

Signé Comte Henri DE KERSAINT, Marquis DE CHAUMONT-QUITRY, TESNIÈRE.

Extrait du procès-verbal du Sénat.

Le Sénat ne s'oppose pas à la promulgation de la loi portant approbation des articles 4 et 8 de la convention passée entre l'État et la Ville de Paris, pour l'ouverture ou l'achèvement de diverses grandes voies de communication dans cette ville.

Délibéré et voté en séance, au palais du Sénat, le 19 mai 1858.

Le Président,

Signé TROPLONG.

Les Secrétaires,

Signé Général DE MAC-MAHON, Général Marquis DE GROUCHY, Baron T. DE LACROSSE.

Vu et scellé du sceau du Sénat :

Le Secrétaire,

Signé Baron T. DE LACROSSE.

Mandons et ordonnons que les présentes, revêtues du sceau de l'État et insérées au *Bulletin des Lois*, soient adressées aux cours, aux tribunaux et aux autorités administratives, pour qu'ils les inscrivent sur leurs registres, les observent et les fassent observer, et notre Ministre Secrétaire d'État au département de la Justice est chargé d'en surveiller la publication.

Fait au palais de Fontainebleau, le 28 mai 1858.

Signé NAPOLÉON.

Par l'Empereur :

Le Ministre d'État,

Signé Achille FOULD.

Vu et scellé du grand sceau :

Le Garde des Sceaux, Ministre Secrétaire d'État
au département de la Justice,

Signé E. DE ROYER.

Convention entre l'État et la Ville de Paris.

L'an mil huit cent cinquante-huit, le trois mai,

Entre les soussignés :

Le Ministre des Finances et le Ministre de l'Agriculture, du Commerce et des Travaux publics, agisssant au nom de l'État, sous la réserve de l'approbation des présentes par décret de l'Empereur, et par la loi en ce qui concerne les clauses financières, d'une part ;

Et le Préfet de la Seine, agissant au nom de la Ville de Paris, sous réserve de ratification par délibération du Conseil municipal et l'approbation de cette délibération par le Ministre de l'Intérieur, d'autre part,

Il a été convenu ce qui suit :

ART. 1er.

La Ville de Paris prend l'engagement d'exécuter, dans un délai de dix ans, qui courra du 1er janvier 1859, les projets ci-après désignés :

1° Boulevard du Prince-Eugène, du Château-d'Eau à la barrière du Trône ; boulevard du Nord, du Château-d'Eau à la barrière Poissonnière, y compris l'élargissement de la rue Saint-Quentin entre le boulevard et la gare du Nord ; rue de vingt mètres, du Château-d'Eau à la pointe Saint-Eustache ;

2° Avenue de trente-deux mètres de largeur, commençant à la place de la Bastille et se dirigeant sur le bois de Vincennes par la barrière de Reuilly ;

3° Rue de Rouen, de vingt-deux mètres de largeur, entre le boulevard des Capucines et la rue du Havre, avec embranchement se dirigeant du boulevard sur la rue de la Chaussée-d'Antin, et dégagement de la gare de l'Ouest par l'ouverture de la rue de Rome, sur une largeur de vingt mètres, entre la rue Saint-Lazare et la barrière dite *de la Réforme;* ensemble, la rectification de la place de l'Europe et le prolongement de la rue de Madrid jusqu'à la rue de Malesherbes, avec embranchement sur la rue de la Bienfaisance ;

4° Boulevard de Malesherbes, de la place de la Madeleine au boulevard extérieur de Monceaux ;

5° Boulevard de Beaujon, entre le boulevard de Malesherbes et la place de l'Étoile, rectification et nivellement du boulevard extérieur de Passy, complément de l'exécution du décret du 13 août 1854 pour les abords de l'Arc-de-Triomphe ;

6° Deux boulevards de quarante mètres à ouvrir, l'un en prolongement direct du pont de l'Alma, entre le quai de Billy et l'avenue des Champs-Élysées, et l'autre partant du même point et aboutissant à la barrière Sainte-Marie ;

7° Boulevard de trente-six mètres, entre le pont de l'Alma (rive gauche) et l'École-Militaire ; ouverture de l'avenue du Champ-de-Mars allant du même point à l'extrémité de la rue Saint-Dominique, et prolongement de l'avenue de Latour-Maubourg jusqu'au pont des Invalides ;

8° Boulevard Saint-Marcel, entre le boulevard de l'Hôpital et le boulevard du Mont-Parnasse, avec embranchement de la rue Mouffetard à la barrière d'Enfer ; élargissement à quarante mètres de la rue Mouffetard, entre la barrière d'Italie et le carrefour formé par les rues de Lourcine et Censier, et ouverture d'une rue de vingt mètres entre ce carrefour et l'extrémité de la rue Soufflot, et d'une autre rue de vingt mètres entre ce carrefour et la place Maubert ;

9° Élargissement du boulevard de Sébastopol dans la traversée de la Cité, prolongement du même boulevard entre la place Saint-Michel et le carrefour de l'Observatoire, et ouverture d'une rue de vingt mètres isolant le Luxembourg, allant du carrefour formé à la rencontre des rues de Vaugirard, Molière et Corneille au boulevard de Sébastopol, en face de la rue Soufflot.

ART. 2.

Les expropriations et évictions nécessaires à la réalisation des projets dont l'énoncé précède seront faites par la Ville, à ses risques et périls, et elle payera toutes les indemnités réglées, soit à l'amiable, soit judiciairement.

ART. 3.

La Ville exécutera tous les travaux d'établissement de la viabilité et de raccordement des voies transversales, et payera pareillement les indemnités de toute sorte auxquelles ces travaux pourront donner ouverture.

Le prix ou la valeur des matériaux de démolition et des parcelles de terrain qui resteront disponibles en dehors des alignements seront portés en déduction de ces dépenses.

ART. 4.

En retour des engagements ci-dessus, l'État s'oblige à concourir pour un tiers dans la dépense nette et finale que la Ville de Paris aura faite en exécution des articles 2 et 3 ci-dessus, sans toutefois que la subvention de l'État puisse, en aucun cas et sous quelque prétexte que ce soit, excéder un maximum fixé à la somme de cinquante millions (50,000,000 fr.)

Dans le cas où un ou plusieurs des travaux énumérés dans l'article 1er ne seraient pas exécutés, la subvention sera réduite proportionnellement à l'importance des travaux non exécutés.

ART. 5.

L'état général des dépenses opérées dans le cours de chaque année sera soumis, dans les trois premiers mois qui suivront la clôture de l'exercice, au contrôle d'une commission spéciale composée d'un conseiller d'État, d'un inspecteur général des finances et d'un inspecteur général des ponts et chaussées.

Cette commission pourra se faire représenter toutes les pièces justificatives.

Les comptes définitifs des mêmes dépenses seront produits dans l'année qui suivra l'achèvement des travaux et seront soumis à la même commission.

En cas de non-acceptation, soit par l'État, soit par la Ville, du résultat du travail de la commission, il sera statué par le ministre compétent, sauf recours au Conseil d'État, sur les difficultés qui pourraient s'élever à l'occasion du règlement des comptes.

ART. 6.

Les comptes des dépenses faites et à faire par la Ville de Paris, avec le concours de l'État, en vertu d'actes antérieurs à la présente convention et restant encore à liquider, seront également soumis à la commission mentionnée à l'article 5 ci-dessus.

ART. 7.

Il ne sera pas donné suite au projet de traité passé le 28 avril 1854, entre le Ministre des Finances et le Préfet de la Seine, relativement au projet de construction d'un nouvel hôtel des Postes entre la place du Châtelet et le quai de la Mégisserie, et au percement de nouvelles rues à travers l'hôtel des Postes actuel.

La commission instituée par l'article 5 appréciera les demandes d'indemnités qui pourraient être réclamées par la Ville de Paris, par suite des dommages qu'elle aurait éprouvés en raison du commencement d'exécution donné audit projet de traité.

ART. 8.

Les sommes à payer par l'État à la Ville de Paris pour les opérations et travaux qui font l'objet de la présente convention, et celles qui restent à payer pour les dépenses déjà engagées en vertu d'actes antérieurs, seront acquittées de la manière suivante :

En 1859	2,083,333 fr.
En 1860	4,000,000
En 1861	6,000,000

Et le solde en sept annuités égales à partir de 1862.

Art. 9.

La présente convention ne sera passible d'aucun droit d'enregistrement.
Vu pour être annexé au projet de loi adopté par le Corps législatif, dans sa séance du 8 mai 1858.

Le Président,
Signé Comte de Morny.

Les Secrétaires,
Signé Comte Henri de Kersaint, marquis de Chaumont-Quitry, Tesnière.

Vu pour être annexé à la loi portant approbation des articles 4 et 8 de la convention passée entre l'État et la Ville de Paris, pour l'ouverture ou l'achèvement de diverses grandes voies de communication dans cette ville.

Le Sénateur, Secrétaire,
Signé Baron T. de Lacrosse.

Vu pour être annexé à la loi du 28 mai 1858.

Le Ministre d'État,
Signé Achille Fould.

Loi du 26 juillet 1860, relative au bois de Vincennes (*Traité avec l'Etat*).

NAPOLÉON, par la grâce de Dieu et la volonté nationale, Empereur des Français,
A tous présents et à venir, salut.

Avons sanctionné et sanctionnons, promulgué et promulguons ce qui suit :

LOI.

Extrait du procès-verbal du Corps législatif.

Le Corps législatif a adopté le projet de loi dont la teneur suit :

Article unique.

Le bois de Vincennes, distrait de la dotation de la Couronne, est accordé en propriété à la Ville de

Paris, sous les réserves et aux clauses et conditions stipulées dans la convention ci-annexée, passée le 20 juin 1860 entre le Ministre des Finances et le Préfet de la Seine.

Le bois de Vincennes n'est pas soumis au régime forestier.

Délibéré en séance publique, à Paris, le 7 juillet 1860.

Le Président,

Signé Comte DE MORNY.

Les Secrétaires,

Signé Comte Louis DE CAMBACÉRÈS, Comte L. LE HON, Comte Joachim MURAT.

Extrait du procès-verbal du Sénat.

Le Sénat ne s'oppose pas à la promulgation de la loi relative à la cession du bois de Vincennes à la Ville de Paris.

Délibéré et voté en séance, au palais du Sénat, le 13 juillet 1860.

Le Président,

Signé TROPLONG.

Les Secrétaires,

Signé A. LAITY, Comte DE GROSSOLLES-FLAMARENS, Baron T. DE LACROSSE.

Vu et scellé du sceau du Sénat :

Le Sénateur, Secrétaire,

Signé Baron T. DE LACROSSE.

Mandons et ordonnons que les présentes, revêtues du sceau de l'État et insérées au *Bulletin des Lois*, soient adressées aux cours, aux tribunaux et aux autorités administratives, pour qu'ils les inscrivent sur leurs registres, les observent et les fassent observer, et notre Ministre Secrétaire d'État au département de la Justice est chargé d'en surveiller la publication

Fait au palais de Saint-Cloud, le 24 juillet 1860.

Signé NAPOLÉON.

Par l'Empereur :

Le Ministre d'État,

Signé Achille FOULD.

Vu et scellé du grand sceau :

Le Garde des Sceaux, Ministre Secrétaire d'État au département de la Justice,

Signé DELANGLE.

Convention entre l'État et la Ville de Paris.

Entre les soussignés,

S. Exc. M. le Ministre des Finances, agissant au nom de l'État, en exécution des ordres de l'Empereur,

Et M. le Sénateur, Préfet de la Seine, représentant la Ville de Paris,

A été convenu et arrêté ce qui suit, sauf l'approbation des pouvoirs législatifs :

ART. 1er.

Le bois de Vincennes, distrait de la dotation de la Couronne par le sénatus-consulte du 20 juin 1860, est concédé en propriété à la Ville de Paris.

Toutefois, cette concession ne comprend ni la partie de ce bois touchant le petit parc situé entre le château de Vincennes et l'hôpital militaire, ni la portion de terrain à l'ouest de cet hôpital, indiquée au plan par une teinte jaune, lesquelles parties sont, au contraire, expressément réservées ainsi que le château, le nouveau fort y attenant, les redoutes de Saint-Maur, indiquées sur le plan par une teinte bistre, l'hôpital militaire, le grenier à fourrages, l'Asile impérial et ses dépendances.

ART. 2.

La Ville souffrira la servitude militaire qui grève toute la portion du bois circonscrite sur le plan par un liséré vert, et qui est en ce moment à la disposition du Ministre de la Guerre, à qui est réservée la jouissance des bâtiments où existe aujourd'hui l'école de pyrotechnie, sauf toutefois, bien entendu, l'effet des conventions qui pourraient être faites ultérieurement pour affranchir la propriété communale de cette servitude ; enfin la Ville, ses représentants, locataires et fermiers, ne pourront jamais réclamer aucuns dommages-intérêts ni indemnités quelconques pour raison des dégâts, pertes de récoltes, destruction d'arbres, qui seraient commis dans toutes les parties du bois et des terres teintées en rose clair, en rose foncé et en blanc, le Ministre de la Guerre ayant toujours le droit d'y faire manœuvrer des troupes en toute saison, d'y établir des camps et d'y faire tous exercices militaires, auxquels il ne pourra être mis aucun obstacle.

ART. 3.

La Ville, substituée à l'État, devra satisfaire à toutes les conditions déterminées par le sénatus-consulte qui a prononcé la distraction du bois de Vincennes de la dotation de la Couronne. En conséquence, elle remboursera à la Liste civile les dépenses de toute nature qu'elle a faites dans le bois de Vincennes, autres que celles relatives au personnel et à l'entretien, sous la déduction des sommes reçues par la Liste civile sur le prix des ventes de terrains réalisées en exécution du sénatus-consulte du 28 mai 1858 ; les portions du prix restant dues seront, bien entendu, touchées par la Ville, à qui il est fait toute délégation à cet effet.

D'un autre côté, elle devra aussi satisfaire à tous les engagements pris par la Liste civile et résultant de baux de concession, de jouissance temporaire et gratuite, de traités de fourniture d'eau, et de tous marchés pour travaux d'embellissements et d'amélioration.

ART. 4.

La Ville sera tenue : 1° d'acquérir, soit à l'amiable, soit par voie d'expropriation, s'il y a lieu, les terrains compris entre le bois de Vincennes et l'enceinte fortifiée de Paris, limités d'un côté par la route de Paris à Charenton, et d'un autre côté par le village de Saint-Mandé, lesquels terrains sont figurés sur le plan par des teintes vert et violet ; 2° de réunir au bois de Vincennes les terrains acquis en exécution de la disposition qui précède, à l'exception, toutefois, des parcelles indiquées sur le plan par des hachures rouges, lesquelles ne pourront être vendues qu'à la charge de servitudes semblables à celles qui ont été déterminées par la loi du 22 juin 1854, concernant le promenoir de Chaillot et la place de l'Étoile, et par le décret du 2 mai 1856, rendu en exécution de cette loi ; 3° de faire, dans un délai de quatre ans, les travaux nécessaires pour achever l'embellissement du bois de Vincennes, et pour convertir en promenades publiques les terrains qui seront réunis à ce bois ; 4° d'affecter à une succursale du Jardin des Plantes la partie teintée en bleu ; 5° de conserver et entretenir ce bois et ses annexes en promenades publiques à perpétuité, étant d'ailleurs bien entendu que tout projet d'embellissement devra être approuvé par l'Empereur.

Enfin, la Ville est autorisée à aliéner telles portions du bois de Vincennes qu'il appartiendra, jusqu'à concurrence de 120 hectares, y compris les superficies déjà vendues par la Liste civile, en exécution du sénatus-consulte du 28 mai 1858.

Vu pour être annexé au projet de loi adopté par le Corps législatif, dans sa séance du 7 juillet 1860.

Le Président,
Signé Comte DE MORNY.

Les Secrétaires,

Signé Comte Louis DE CAMBACÉRÈS, Comte L. LE HON, Comte Joachim MURAT.

Vu pour être annexé à la loi portant ouverture relative à la cession du bois de Vincennes à la Ville de Paris.

Au palais du Sénat, le 13 juillet 1860.

Le Sénateur, Secrétaire,
Signé Baron T. DE LACROSSE.

Vu et scellé du sceau du Sénat :
Le Sénateur, Secrétaire,
Signé Baron T. DE LACROSSE.

Vu pour être annexé à la loi du 24 juillet 1860.

Le Ministre d'État,
Signé Achille FOULD.

Loi du 1er août 1860, autorisant un emprunt municipal.

NAPOLÉON, par la grâce de Dieu et la volonté nationale, Empereur des Français,
A tous présents et à venir, salut.

AVONS SANCTIONNÉ ET SANCTIONNONS, PROMULGUÉ ET PROMULGUONS CE QUI SUIT :

LOI.

Extrait du procès-verbal du Corps législatif.

Le Corps législatif a adopté le projet de loi dont la teneur suit :

ART. 1er.

La Ville de Paris (Seine) est autorisée à émettre, au meilleur taux que la négociation pourra produire, deux cent quatre-vingt-sept mille six cent dix-huit obligations constituées au capital de cinq cents francs, rapportant quinze francs d'intérêts annuels payables par semestres, divisées en deux séries ayant droit à des lots montant annuellement à trois cent mille francs pour chacune, et remboursables en trente-sept années, à partir du 1er septembre 1860.

ART. 2.

L'émission aura lieu aux époques, dans la forme et aux conditions qui seront délibérées par le Conseil municipal et approuvées par décret.

ART. 3.

Sur le produit de l'emprunt, la Caisse des Travaux de Paris recevra la somme nécessaire pour réduire le montant de ces bons en circulation à la somme de soixante millions de francs en capital.

Le surplus sera employé, concurremment avec les ressources municipales dont il sera possible de disposer, chaque année, après avoir pourvu au service du nouvel emprunt, tant à l'achèvement des opérations qui ont fait l'objet des lois des 4 août 1851, 2 mai 1855, 19 juin 1857 et 28 mai 1858, qu'aux dépenses de toute nature nécessitées par l'extension des limites de Paris.

ART. 4.

Les actes faits au sujet de cet emprunt seront enregistrés au droit fixe de un franc.

Délibéré en séance publique à Paris, le 19 juillet 1860.

Le Président,
Signé Comte DE MORNY.

Les Secrétaires,
Signé Comte Louis DE CAMBACÉRÈS, Comte L. LE HON, Comte Joachim MURAT.

Extrait du procès-verbal du Sénat.

Le Sénat ne s'oppose pas à la promulgation de la loi ayant pour objet d'autoriser la Ville de Paris (Seine) à émettre deux cent quatre-vingt-sept mille six cent dix-huit obligations.

Délibéré et voté en séance, au palais du Sénat, le 24 juillet 1860.

Le Président,
Signé TROPLONG.

Les Secrétaires,
Signé A. LAITY, Comte de GROSSOLLES-FLAMARENS, Baron T. DE LACROSSE.

Vu et scellé du sceau du Sénat :

Le Sénateur, Secrétaire,
Signé Baron T. DE LACROSSE.

Mandons et ordonnons que les présentes, revêtues du sceau de l'État et insérées au *Bulletin des Lois*, soient adressées aux cours, aux tribunaux et aux autorités administratives, pour qu'ils les inscrivent sur leurs registres, les observent et les fassent observer, et notre Ministre Secrétaire d'État au département de la Justice est chargé d'en surveiller la publication.

Fait au palais de Saint-Cloud, le 1er août 1860.

Signé NAPOLÉON.

Par l'Empereur :

Le Ministre d'État,

Signé Achille FOULD.

Vu et scellé du grand sceau :

Le Garde des Sceaux, Ministre Secrétaire d'État au département de la Justice,

Signé DELANGLE.

Décret du 29 septembre 1860 (*Emplacement de l'Opéra et abords*).

NAPOLÉON, par la grâce de Dieu et la volonté nationale, Empereur des Français,

A tous présents et à venir, salut.

Sur le rapport de notre Ministre d'État;

Vu le décret en date du 14 novembre 1858, qui déclare d'utilité publique : 1° l'ouverture d'une rue dite *de Rouen*, devant communiquer du boulevard des Capucines à la rue du Havre; 2° l'ouverture d'une rue d'embranchement de ce boulevard à la rue de la Chaussée-d'Antin; 3° la formation d'une place au point de départ commun des deux rues; 4° la suppression de la rue Basse-du-Rempart;

Vu l'arrêté préfectoral, en date du 14 avril dernier, prescrivant l'ouverture d'une enquête à la mairie du neuvième arrondissement, sur le projet de construction d'une nouvelle salle d'Opéra au fond de la place ci-dessus désignée;

Vu le plan soumis à l'enquête et les diverses observations auxquelles il a donné lieu;
Vu l'avis de la Commission d'enquête et le projet modificatif qu'elle a proposé;
Vu l'avis du Conseil général des bâtiments civils, sur le résultat de l'enquête, en date du 30 juin;
Vu la délibération du Conseil municipal, en date du 3 août;
Vu la loi du 3 mai 1841, sur l'expropriation pour cause d'utilité publique;
Vu le décret du 26 mars 1852, sur la voirie de Paris;
Notre Conseil d'État entendu,

AVONS DÉCRÉTÉ ET DÉCRÉTONS CE QUI SUIT :

ART. 1er.

Est déclarée d'utilité publique la construction d'une nouvelle salle d'Opéra avec toutes ses dépendances, sur un emplacement sis entre le boulevard des Capucines, la rue de la Chaussée-d'Antin, la rue Neuve-des-Mathurins et le passage Sandrié, qui est teinté en rose et liséré de bleu sur le plan annexé au présent décret.

ART. 2.

Le dégagement du périmètre de l'édifice projeté aura lieu au moyen de l'exécution, tant du décret du 14 novembre 1858, relatif à la rue de Rouen, que de nouvelles dispositions (tracées en bleu au plan) ci-après détaillées, qui sont également déclarées d'utilité publique :

1° Le prolongement de la rue Mogador, avec une largeur de vingt mètres, de la rue Neuve-des-Mathurins au boulevard des Capucines;

2° La formation d'un carrefour au point de rencontre de ce prolongement et de la rue de Rouen;

3° La bifurcation de la rue de vingt mètres de largeur, correspondant à la rue de Rouen, de l'autre côté de la place quadrangulaire, afin d'en diriger une branche sur la rue Neuve-des-Mathurins, symétriquement au prolongement de la rue Mogador, et l'autre branche vers le point de la rue de la Chaussée-d'Antin où doit déboucher le prolongement de la rue Lafayette;

4° La formation, derrière l'emplacement du nouvel Opéra, d'une place irrégulière se confondant avec la rue Neuve-des-Mathurins.

Le tout conformément au nouveau plan ci-dessus visé, sur lequel les alignements des voies ci-dessus sont indiqués par un liséré bleu;

5° Le lotissement régulier des terrains ayant façade sur les voies publiques ci-après, savoir : sur la place quadrangulaire et en retour sur la rue Basse-du-Rempart, sur la rue de Rouen, de la place quadrangulaire au point de rencontre du prolongement de la rue Mogador; sur le carrefour formé par ce croisement, sur le prolongement de la rue Mogador, entre la rue Neuve-des-Mathurins et la rue de Rouen; sur la rue partant de la place quadrangulaire et se dirigeant, d'une part, vers la rue de la Chaussée-d'Antin, d'autre part, vers la rue Neuve-des-Mathurins;

6° L'assujettissement des constructions à édifier sur ces terrains à des façades obligatoires conformes au dessin coté soumis à l'enquête.

ART. 3.

Le Préfet de la Seine, agissant tant au nom de l'État qu'au nom de la Ville de Paris, est autorisé à acquérir, soit à l'amiable, soit, s'il y a lieu, par voie d'expropriation, conformément à la loi du 3 mai 1841 et au décret du 26 mars 1852, les immeubles ou portions d'immeubles dont l'occupation est nécessaire à l'exécution du présent décret.

ART. 4.

Notre Ministre d'État est chargé de l'exécution du présent décret.

Fait au palais de Saint-Cloud, le 29 septembre 1860.

Signé NAPOLÉON.

Par l'Empereur :

Le Ministre d'État,
Signé Achille FOULD.

4°

DOCUMENTS ADMINISTRATIFS.

ÉTAT DES SOMMES A RECEVOIR

POUR OPÉRATIONS DE VOIRIE ET AUTRES,

D'APRÈS CONTRATS INTERVENUS A LA DATE DU 1er JANVIER 1862.

OPÉRATIONS.	1862.	1863.	1864.	1865.	1866.	TOTAL.	OBSERVATIONS
§ 1er. LOIS DES 4 OCTOBRE 1849, 4 AOUT 1851 ET 2 MAI 1855.							
Boulevard de Sébastopol (rive droite) et abords	836,106. 56	843,548. 09	488,089. 98	» »	» »	2,167,744. 63	
§ 2. LOI DU 19 JUIN 1857.							
Boulevard de Sébastopol (rive gauche)	501,881. 47	282,913. 55	75,748. 55	» »	» »	860,543. 57	
Boulevard Saint-Germain	60,663. 83	40,129. 25	6,361. 25	» »	» »	107,154. 33	
Élargissement de la rue de la Sorbonne	22,660. »	» »	» »	» »	» »	22,660. »	
	585,205. 30	323,042. 80	82,109. 80	» »	» »	990,357. 90	
§ 3. LOI DU 28 MAI 1858.							
Boulevard du Prince-Eugène	173,191. 29	129,648. 05	91,321. 05	27,250. »	27,250. »	448,660. 39	
Boulevard de Magenta	107,290. 82	81,879. 82	84,349. 80	» »	» »	273,520. 44	
Rue de Turbigo	87,640. »	88,640. »	17,000. »	» »	» »	193,280. »	
Boulevard de Beaujon	151,511. 24	164,428. 12	55,812. 47	» »	» »	371,751. 83	
Boulevard de Malesherbes	493,513. 06	589,617. 93	132,527. 50	» »	» »	1,215,658. 49	
Abords de la place de l'Étoile	19,816. 66	13,837. 33	» »	» »	» »	33,653. 99	
Boulevard de l'Alma (rive droite)	23,317. »	» »	» »	» »	» »	23,317. »	
	1,056,280. 07	1,068,051. 25	381,010. 82	27,250. »	27,250. »	2,559,842. 14	

OPÉRATIONS.	1862.	1863.	1864.	1865.	1866.	TOTAL.	OBSERVATIONS.
§ 4. OPÉRATIONS DIVERSES.							
1° Améliorations de la voie publique non subventionnées par l'État et autorisées par décrets...........	491,529. 05	265,156. 30	122,217. 55	» »	» »	878,902. 90	
2° Édifices publics...............	» »	» »	» »	» »	» »	» »	
3° Extension des limites de Paris...	53,458. »	3,620,679. »	» »	» »	» »	3,674,137. »	
	544,987. 05	3,885,835. 30	122,217. 55	» »	» »	4,553,039. 90	

RÉCAPITULATION.

	1862.	1863.	1864.	1865.	1866.	TOTAL.
Lois des 4 octobre 1849, etc....	836,106. 56	843,548. 09	488,089. 98	» »	»	2,167,744. 63
Loi du 19 juin 1857.............	585,205. 30	323,042. 80	82,109. 80	» »	» »	990,357. 90
Loi du 28 mai 1858.............	1,056,280. 07	1,068,051. 25	381,010. 82	27,250. »	27,250. »	2,559,842. 14
Opérations diverses..........	544,987. 05	3,885,835. 30	122,217. 55	» »	» »	4,553,039. 90
	3,022,578. 98	6,120,477. 44	1,073,428. 15	27,250. »	27,250. »	10,270,984. 57

ÉTAT DES SOMMES A PAYER

POUR OPÉRATIONS DE VOIRIE ET AUTRES,

D'APRÈS CONTRATS INTERVENUS ET DÉCISIONS DU JURY RENDUES AU 1er JANVIER 1862.

OPÉRATIONS.	ÉCHÉANCES PAR ANNUITÉS.							TOTAL.
	1862.	1863.	1864.	1865.	1866.	1867.	1868.	
§ 1er. LOIS DES 4 AOUT 1851 ET 2 MAI 1855.								
Abords des halles	609,650. »	520,000. »	» »	» »	» »	» »	» »	1,189,650. »
Boulevard de Sébastopol (rive droite).	2,174,658. 33	200,000. »	410,000. »	100,000. »	70,000. »	» »	» »	2,954,658. 33
Isolement de l'Hôtel de Ville	171,291. 25	» »	» »	» »	» »	» »	» »	171,291. 25
Dégagement des abords du Théâtre-Français	600,150. »	» »	300,000. »	» »	» »	» »	28,000. »	928,150. »
	3,615,749. 58	720,000. »	710,000. »	100,000. »	70,000. »	» »	28,000. »	5,243,749. 58
§ 2. LOI DU 19 JUIN 1857.								
Boulevard de Sébastopol (rive gauche) du pont à la place Saint-Michel	97,932. 50	29,200. »	» »	» »	» »	» »	» »	127,132. 50
Boulevard Saint-Germain	889,280. 75	40,227. 90	88,227. 90	» »	» »	» »	» »	1,017,736. 55
Rue des Écoles	104,312. 50	15,000. »	» »	» »	» »	» »	» »	119,312. 50
Élargissement de la rue St-Jacques	52,500. »	» »	» »	» »	» »	» »	» »	52,500. »
Rue des Mathurins-Saint-Jacques	» »	65,000. »	65,000. »	» »	» »	» »	» »	130,000. »
	1,144,025. 75	149,427. 90	153,227. 90	» »	» »	» »	» »	1,446,681. 55
§ 3. LOI DU 28 MAI 1858.								
Boulevard du Prince-Eugène	1,967,488. 50	630,000. »	» »	» »	» »	» »	» »	2,597,488. 50
Idem de Magenta	1,824,330. »	119,000. »	39,000. »	» »	» »	» »	» »	1,982,330. »
Rue de Turbigo	491,687. 50	» »	» »	» »	» »	» »	» »	491,687. 50
Avenue de Vincennes	1,400,000. »	1,400,000. »	» »	» »	» »	» »	» »	2,800,000. »
Rue de Rouen	12,112,564. 80	600,000. »	» »	» »	» »	» »	» »	12,712,564. 80
Boulevard de Malesherbes	2,478,961. 75	555,979. 50	655,939. 50	555,979. 50	» »	200,000. »	» »	4,446,860. 9[illegible]
Idem de Beaujon	1,414,944. 65	106,000. »	» »	» »	» »	150,000. »	» »	1,670,944. 65
Abords de la place de l'Étoile	450,500. »	» »	» »	» »	» »	» »	» »	450,500. »
A reporter	22,140,477. 20	3,410,979. 50	694,939. 50	555,979. 50	» »	350,000. »	» »	27,152,375. 70

OPÉRATIONS.	ÉCHÉANCES PAR ANNUITÉS.							TOTAL.
	1862.	1863.	1864.	1865.	1866.	1867.	1868.	
Report du § 3......	22,140,477. 20	3,410,979. 50	694,939. 50	555,979. 50	» »	350,000. »	» »	27,152,375. 70
Boulevard rectifié de Passy.........	108,893. 70	» »	» »	» »	» »	» »	» »	108,893. 70
Avenue de l'Empereur.............	786,375. »	105,000. »	105,000. »	» »	» »	» »	» »	996,375. »
Boulevard de l'Alma (rive gauche)...	774,764. »	100,000. »	343,100. »	» »	» »	» »	» »	1,217,864. »
Boulevard Saint-Marcel.............	531,000. »	» »	» »	24,000. »	» »	» »	» »	555,000. »
Élargissement de la rue Mouffetard..	143,525. »	17,500. »	32,500. »	» »	» »	» »	» »	193,525. »
Boulevard de la barrière d'Enfer à la rue Mouffetard.................	180,000. »	» »	» »	» »	» »	» »	» »	180,000. »
Rue nouvelle entre la place Maubert et le carrefour des rues Mouffetard et du Fer-à-Moulin.............	413,059. »	100,000. »	100,000. »	100,000. »	100,000. »	» »	» »	813,059. »
Boulevard de Sébastopol, de la place Saint-Michel au carrefour de l'Observatoire.......................	266,668. 60	» »	» »	200,000. »	» »	» »	» »	466,668. 60
Rue nouvelle, de l'extrémité de la rue Soufflot à la rue Mouffetard.......	104,490. »	» »	» »	» »	» »	» »	» »	104,490. »
Rue de Rome.....................	313,050. »	» »	» »	» »	» »	» »	» »	313,050. »
Boulevard de l'Alma (rive droite)....	» »	50,000. »	50,000. »	» »	» »	» »	» »	100,000. »
	25,762,302. 50	3,783,479. 50	1,325,539. 50	879,979. 50	100,000. »	350,000. »	» »	32,201,301. »

§ 4.

OPÉRATIONS DIVERSES.

OPÉRATIONS.	1862.	1863.	1864.	1865.	1866.	1867.	1868.	TOTAL.
1° Améliorations de la voie publique non subventionnées par l'État, et autorisées par décrets............	7,056,745. 65	2,313,808. »	1,960,000. »	» »	» »	» »	» »	11,330,553. 65
2° Édifices publics.................	1,326,495. »	» »	358,500. »	122,500. »	92,500. »	92,500. »	292,500. »	2,284,995. »
3° Extension des limites de Paris....	14,139,293. 87	378,699. 50	296,199. 50	» »	» »	» »	» »	14,814,192. 87
	22.522,534. 52	2,692,507. 50	2,614,699. 50	122,500. »	92,500. »	92,500. »	292,500. »	28,429,741. 52

RÉCAPITULATION.

OPÉRATIONS.	1862.	1863.	1864.	1865.	1866.	1867.	1868.	TOTAL.
Lois des 4 aout 1851 et 2 mai 1855.	3,615,749. 58	720,000. »	710,000. »	100,000. »	70,000. »	» »	28,000. »	5,243,749. 58
Loi du 19 juin 1857...............	1,144.025. 75	149,427. 90	153,227. 90	» »	» »	» »	» »	1,446,681. 55
Loi du 28 mai 1858...............	25,762,302. 50	3,783,479. 50	1,325,539. 50	879,979. 50	100,000. »	350,000. »	» »	32,201,301. »
Opérations diverses............	22,522,534. 52	2,692,507. 50	2,614,699. 50	122,500. »	92,500. »	92,500. »	292,500. »	28,429,741. 52
	53,044,612. 35	7,345,414. 90	4,803,466. 90	1,102,479. 50	262,500. »	442,500. »	320,500. »	67,321,473. 65